新装版

# 売上2億円の会社を10億円にする方法

五十棲剛史
Takeshi Isozumi

2→10
Reorganize for Success

ダイヤモンド社

# はじめに

## 今日から3年で売上10億円を実現するために

「これから……どうしたらもっと業績が上がるのか、まるで分からないんです」

こんな経営者のひと言を、もう何回、いえ何千回お聞きしてきたことでしょう。私のもとに相談に来られる経営者の方々が共通して悩んでいる課題です。この問いかけは企業が存在する限り、１００年たっても繰り返されるに違いありません。

私も支援先のクライアント企業のために、業績アップの戦略と戦術を考え、そして実行してきました。幸いにして即業績が上がる、という実績をもとに「イソズミ・マジック」なる異名を頂戴するなど、依頼を受けた課題に対してほぼ１００％、ご満足いただける成果を出し続けることができていると思っています。

しかし同時に、各クライアントの業績をマーケティングの領域だけでアップさせるお手伝いをすることばかりがクライアントの課題解決につながるわけではないのだ、という新しい問題点が見えてきたのも事実です。

業種業態を問わず、業績がアップすれば、当然事業の規模が大きくなっていきます。それに応じて企業、組織としての規模も大きくなっていく。とここで、今までとはまったく種類の違う壁が、いつの間にか経営者の目の前に現れ、立ちふさがることが分かってきたのです。

**それは「売上3億円の壁」。**

どういうことなのか、業績を順調に伸ばし、年間の売上高が2億円を超えてくると、そこでピタッと成長が止まってしまう。あるいは3億円ぐらいをひとつの線にして、その線の上下を行ったり来たりするようになったりして、それまで描いてきた成長カーブに陰りが見えてしまうのです。

そんな悩みに苦しむ経営者が私のもとに相談にみえるケースが増えてきました。これまで成功してきた手法がまるで通じない、と言うのです。

相談にやって来て、口に出される言葉はこれまでと同じで、「どうしたらもっと業績が上がるのか……」のひと言。

そんな悩みを抱く企業をクライアントとして支援させていただく中で、新しい課題が持つ、もっと重要な意味が分かってきました。

**売上3億円の壁を突破するためには、まったく違うアプローチが必要であり、それは企業としての形がこれまでとはまったく違うものになる**、ということです。そしてこの課題を解決し、3億円の壁を乗り越えると、たちまちのうちに10億円の規模までは成長を遂げられます。

それは単純な業績アップの手法だけでは実現できません。企業として、組織としての経営に対する考え方や、その考え方に基づいた経営のあり方を大きく変えていかなければならない。

そんな〝10億円企業のカタチ〟が私には見えています。クライアント企業との試行錯誤の結果、「何をどうすればいいのか」がほぼ明確になっている、と申し上げる自信があります。

今では売上3億円の壁にぶつかり、「これから……どうしたらもっと業績が上がるのか、まるで分からないんです」と相談に来られた経営者を前にして、**「社長、今から3年で10億円にしましょうよ」**とストレートにお返事をしています。

経営者の決意さえあれば、それは十分に可能だからです。

**売上2億円の会社を10億円にする**。そんな表現が一番ぴったりでしょう。そちらの方向に私のコンサルティング活動自体もシフトしています。ビジネスそのものについてクライアントを支援することに、今は自分の時間をほぼ100%費やしています。

すでに200社を超えるクライアント（2005年・初版刊行時）に対して支援を行ってきていますが、その内容を包み隠さずに本として取りまとめました。

さあ、それでは私の紙上コンサルティングをスタートさせましょう。2億円を10億円に、次はあなたがその果実を受け取る番です。

# 新装版出版にあたって

この『売上2億円の会社を10億円にする方法』を書籍として刊行したのは２００５年です。当時は２００社強への支援実績をもとに、企業成長に必要な構造とは何か、をコンパクトにまとめました。ありがたいことに発売直後から多くの経営者の支持を得ることになりました。

また書籍になることによって、「売上2億円の会社を10億円にする方法」は五《い》十《そ》棲《ずみ》個人の領域を超え、船井総合研究所全体にも広がっていきました。その意味でこの考え方と出会い、会社を成長させてきた経営者の数は、もはや自分でも把握できません。

そして私が直接支援した会社、そうでない会社を含めて、売上10億円どころか株式上場にいたるまで成長を遂げた会社もあります。

書籍も毎年のように版を重ね、18年後となる2023年、新装版としてみなさんのお手元にお届けできることになりました。この間、当然ながらビジネスや経営に関する環境は大きく変わりました。中小企業の経営者で、ビジネスモデルという言葉を聞いたことのない人はいないでしょう。しかし、そうした言葉への理解が本当にできているだろうか？と首をかしげることもいまだに多くあります。この本で提言している内容は、引き続き効果的であると自負するところです。

なお、新装版では時代の変化に応じて一部記載を変更していますが、ビジネスを取り巻く環境がある程度変わったとしても、企業成長の本質は変わりません。むしろ本質をしっかり把握し、経営に落とし込むことができれば、2005年に比べて成長のスピードは速くなるはずです。

この本を通じて、成長する企業の経営者は何を知るべきか、何をなすべきかを知っていただければ幸いです。

売上2億円の会社を10億円にする方法【目次】

第8図

## 営業設計

個人技に頼らなくても売上はつくれる!



第9図

## 実務設計

仕事を任せる、が経営者の必須技!

第10図

# アフターフォロー／クレーム処理設計

組織と個人の麗しき役割分担！

**おわりに**

第1部

# 10億円企業の基本設計図

10億円企業への最短距離を教えます

最初に結論、10億円企業になるためのエッセンスを言い切ってしまいましょう。

企業が成長する過程とその成長に必要な条件は、業種を問わず、驚くほど似通っています。つまり、扱う商品やサービスが何であれ、企業活動とは自社とお客様とのコミュニケーションの集合なのだと言い換えることができますし、そうしたコミュニケーションを担い、やりとりをしているのは社員とお客様。つまり、企業活動とはどこまで行っても私たち人間が考え、動くものであり、売上や利益といった企業活動の成果もその結果にすぎません。

であるからこそ、どんな業種であっても「経営＝マーケティング＋マネジメント」という営みには共通して有効な「やり方」があるのです。ところがその「やり方」は企業が置かれたステージによっていくぶん違ってきます。端的に言えば、社長1人きりの生まれたてほやほやの企業と、社員3万人の大企業とでは当然「やり方」が違うのはお分かりでしょう。企業が成長していく節目節目で、経営に必要となる「やり方」が変わっていくということです。

そして、**企業経営における最初の節目が年商にして2億円から3億円のレベルに到達したとき**。このラインを越えようか、という頃に最初の転機がひそかに訪れています。

しかし……ほとんどの経営者は自社が転機にさしかかっていることに気がつきません。気がつかないままに、旧来の「やり方」で成長を図ろうとしてしまう。その結果はご想像の通り、挫折です。売上の伸びが止まり、あれほど簡単だ、と思っていた10億円という数字にはどうやっても届かない。

もし最初の転機にたどり着く前に、次に必要となる「やり方」を知っていたらどうでしょう。さらにその「やり方」に基づいて、先手を打って準備ができていたらどうでしょう？

私はその「やり方」を知っています。**それを「10億円企業のビジネスモデル」「10億円企業の設計図」と呼んでいます**。

それを知っているかどうか、知るにしてもいつの時点で知るか。そのタイミングの違いが次の段階への成長スピードを決定します。

第1図

# 10億円企業はビジネスモデルという「設計図」を持っている！

## 「会社の設計図を持つ」という発想がすべてのスタート

10億円企業にあって、2億円企業にないもの。それは何か分かりますか？

3億円の壁に近づきつつある、あるいはすでにその壁にぶつかってしまった企業の多くが、「現在の延長線上にある何かを工夫すれば、目の前のハードルを乗り越えられる」と考えています。

やり手で、発想力のある社長ほど「ここまでうまくいっていたのだから、今までのやり方は悪くないはずだ。やり方はいいのだから、もっと手数を増やすにはどうしたらいいんだろうか……」、そんなことを考える。あるいは「本業はこのままで、もうひとつ、基盤となるような新事業を立ち上げて、収益の柱を2本にしよう。その方が安定もするはずだ……」と考えてみたりする。

ところがそのような考え方では、まずもって2億円企業からの脱却はできません。現在までやってきたことの延長線上で、が前提となっている限り、脱却できないのが現実です。

**10億円企業を目指そうと決意した経営者がまずすべきことは、発想をガラリと変えること。それが新しい成長カーブを描くためのスタートラインになります。**

文字にしてしまえば同じ「企業」ですが、2億円企業と10億円企業との間には、おそらくみなさんが想像もつかないほどの大きな違いがあります。

企業ですから何か売り物になる商品があって、それを買ってくれるお客様がいて、売上が伸びて必要な経費を払って……という基礎中の基礎は同じですが、そのために動いている〝ハコの中身〟がまるっきり違うのです。

どのくらい違うのか、と言えばソロバンと電卓ぐらいは違います。もっと差が大きいかも知れません。計算をする、という基本機能は同じですが、使われている部品も素材もまったくかけ離れています。部品が違うことによって間違いがなくなったり、計算のスピードが桁違いに速くなったりしていますし、ソロバンではできない複雑な計算もできる。

さらに言えば、ソロバンを使いこなすためにはある程度の訓練、練習が必要です（ソロバン教室、というのが昔はたくさんありました）が、電卓にはさほどのトレーニングはいらない、ということです。新品を買えば取扱説明書も付いてきますが、最初から最後まで読んだことのある人、いますでしょうか？　にもかかわらずあなたもそれなりに使いこなしている。

どちらも、「計算する」という機能を提供してくれる道具ですが、〝ハコの中身〟がまったくの別次元に立ってつくられている点で異なります。

その違いを私は「ビジネスモデルの違い」と呼んでいます。まずは2億円企業と10億円企業とでは、その中身がまったく違うものなのだ、ということを知ってください。

そして10億円企業の社長の仕事、とは「電卓をつくること」なのです。

これは2億円企業の経営と何が違うのでしょう？　この例え話を利用しながらズバリ言い切れば、「電卓で計算するのではなく、計算する機械そのものの設計図を描く」＝**「自社のビジネスモデル、すなわち設計図をつくる（入手する）」のが社長の仕事になる**、ということなのです。

2億円企業における社長は現場の最前線でバリバリ働いて仕事を取り、自ら売上をつくるのが主な役割になっています。自分自身でソロバンをかなり速いスピードでパチパチパチ……とやっているイメージ。私はこうした状況を「社長が自ら戦闘している状態」と見ています。

このまま、自分が戦闘しているような大きな環境を変えない限り、成長の余地が非常に限られているということが分かりますでしょうか？　電卓を持っていないのですから、社長自身がさらにソロバンの達人になって今以上に計算のスピードを上げるか、自分と同じくらいにソロバンができる人間をどこかから見つけてくるほかありません。

これは相当に難しいことである、と言わざるを得ません。とにかく社長自身がソロバンを手放すことができませんから、自分はいつまでたっても楽にはならないのです。

それに対して、10億円企業には電卓があります。ド素人がソロバンの達人に十分に対抗可能なスピードで計算できますし、計算する人間も代替がききます。しかし電卓を叩くことはできても、当然中身がどうなっているかなんて分かりませんから、誰かが電卓という便利な仕組みをつくってあげる必要があるわけです。

これが10億円企業における社長の仕事。**自分が計算するのではなくて、他の社員がそれほどの技を持たずとも計算ができてしまうような環境をつくることです。**この状況では、社長は戦闘していません。最前線で戦闘するのはそれぞれの社員であって、社長の役割は戦況を見守り、次の一手を考え、手配することです。

ところで、裏蓋を開けて電卓の中身をご覧になったことがありますか？　そもそも電池で動きますし、いろんな電子部品が詰まっていて、ソロバンとはまったく違う仕組みになっています。そして部品がうまくつながっていて、全体として電卓という道具になる。

つまり、このときの社長の仕事とは、部品の一つひとつを考え、それがうまく力を発揮するようにハコの中に配置していくこと。電卓という道具を設計することなのです。この「設計図」の別名が「ビジネスモデル」。

**もしあなたが3億円の壁を突破し、10億円のステージにたどり着きたいなら、何はともあれ「10億円企業の設計図」を詳細に描くことを私はお勧めします。**

しかし、こんな話をすると、「自分の知り合いの会社には『10億円企業の設計図』なんてなかったけど、10億円を突破したが……」という反論が聞こえてきます。確かに10億円を突破するのに、この「設計図」が必要十分条件かと言えば、必ずしもそうではないでしょう。商品や集客が予想以上に大当たりして、そうした「設計図」がなくても10億円を突破することはしばしばあるからです。

ところが、そうした企業には一発屋的な要素があり、ブームが去ると、その売上が急に失速していきます。すなわち、それは決して健全な成長とは言えません。私は「膨張」と呼んでいます。

それに対して、健全に成長した企業には必ずと言っていいほど「設計図」なるものがあります。**本来企業は勝手に成長するものではなく、成長させるものだからです。**その設計図に描いてあるように部品をつくり、組み立てられたなら、一気に企業としての計算能力が上昇します。すなわち業績がアップし、事業が成長するスピードが急激に高まります。

私が「3年で10億円まで行きましょうか？」とお尋ねするのは、こんなカラクリがあるからです。ビジネスモデルという企業の設計図さえ描ければ、10億円は簡単だ、とさえ思っています。まずは「会社の設計図を描く」という発想を持ってください。

## 平均的な社員の能力＝社長の30％程度、という現実を知る

道具を設計しようとするときにまず設計者が考え、想定すべきなのは「いったい誰がこの道具を使うのか」でしょう。プロフェッショナル用のハイエンドモデルから、まったくの初心者向けのエントリーモデルまで、やろうと思えばいくらでも考えられます。

私は、多くの社長に「10億円企業を目指す上でもっとも重要な課題は何ですか？」という質問をよくします。もっとも多い答えとして「人材を育てること」と返ってきます。さらに「人材を育てるとは、どういうことですか？」と聞きますと、「意識改革です」という答えが返ってきます。この答えの裏には、「ウチの社員は何でこんなこともできないのだろう、何とか意識改革してもっと仕事ができるようになってもらいたい」という多くの社長の思いがあります。

しかし、私はその答えに対して、「それは難しいのではないでしょうか？」と返事をしてしまいます。理由は、そうした返答をする社長は基本的に社員の能力を認めていないからです。ですから、現実には数字に影響するような重要な仕事はほぼすべて自分がやり、社員にはサポート的な仕事しかさせていません。これではいくら社員を育てたいと思っても、社員は育ちません。

一方、10億円企業をつくる社長は、どうしているでしょうか？　2億円企業の社長にこう話すと、驚かれることも多いのです。「**一般的な社員は、平均すれば社長の30％くらいしか仕事ができません。でも、それでOKなのです。30％も仕事ができるようになってくれたら、十分です。その社員に、今社長がしている仕事をやってもらうのです**」。

こう話すと、「五十棲さん、でもそれはスグにはムリだよ」と。

私のところに相談にみえる経営者の方々は、みなさん非常に優秀な方ばかりだと思います。当然のことですが、優秀でなければ独立してつくった会社を億のレベルまで持っていくこと自体が難しいでしょう。

ところがご自分が優秀であるがゆえに、人材市場の現実が正しく見えない。自分と同じような人材がウヨウヨしているような錯覚をお持ちの方が多い。自分と同じくらい優秀で能力がある人間は、自分と同じように独立していたり、いわゆる大企業の中で働いていたりして、中小企業向けの求人市場にはなかなかいないものです。
しかしそれが現実です。計算の達人は残念ながらおいそれとはやって来てくれません。入社したときには本当にド素人だと考えていただいた方が正しいと思います。電卓の使い手、としてもそれくらいです。電卓のブラインドタッチができる人、電卓そのものを見ないで片手だけでバリバリ扱うことのできる人はいないのです。

新卒・中途採用のどちらであっても、持っている能力は社長である自分の、平均してせいぜい30％という事実はあまり変わりません。もちろん、なかには社長なみの、あるいはそれ以上の営業力を持つ人間もいます。しかし一方で、売れない人間や新人なども含めると、平均すれば30％程度なのです。この30％という数字は入社後の教育しだいである程度の向上は望めますが、ここは高望みせずに、まずこうした事実を受け入れることを前提に、今後の展望を考えた方が賢明なのです。

営業マンを雇ったもののそのパフォーマンスにがっかりしてしまう経営者は、そもそもが期待しすぎだと思います。

よく「自分を超える人材を雇うことはできない」と言いますが、それは真実です。超えるどころか、自分と同じレベルの人材だってそうそう応募してはきません（会社にとっては、「採用」「教育」も最重要部品の1つです。この重要部品については後ほどもっと詳しく説明しましょう）。

現実を最初にお伝えしましたが、**これから設計する「10億円企業」は、自分の平均30％程度の能力しか持たない人材を前提に組み立てなければならないのです。**それをすべての基盤として考え始めてください。

ここは非常に大切なポイント、視点になります。ついつい自分の能力を基準として物事を考えがちですし、注意していないと、いつの間にかプロ仕様の設計になっていたりします。ご自宅にある家電などでリモコンにボタンがいっぱいあって、「どうしてこんなに難しいのだろう。もっと使う人の気持ちを考えて欲しい」とため息をつきそうになるものがありませんか？

企業を設計する、のもそれと同じことです。10億円企業を構成する〝部品〟はすべてが初心者向けの仕様になります。シンプルに考えれば、社長1人＝１００とすると、社員1人当たり30。それでも４人集まれば30×４で１２０。社長１人でソロバン片手に「戦闘」していた頃よりは業績が上がっていく計画が立ちます。

１人当たりのパフォーマンスは確かに悪いですし、質もそれほど高くはない。しかし自分と同じレベルの腕を持つ能力１００の人材を一生懸命に探す、または30の人間を１人だけ雇い、一生懸命育てて育てて75にして、それから次の人間を雇って……とやっているよりは数倍のスピードと数字を叩き出せる。「会社全体」としてのアウトプットをどう捉えるか、の視点に立つことが必要になります。

ちょっと不思議な気もしますが、10億円企業としての設計図がしっかりと引かれていれば、能力がそれほどでもない人を迎え入れた方がかえって成長のスピードが上がる、ということです。

「いち早く10億円企業になるためには、人材の優秀さよりも組織としての設計図／ビジネスモデル」。いざ目の前でそう言われると、なかなか受け入れ難い考え方であることは認めます。ある意味で、巷《ちまた》で信じられている経営理論からは距離があると思います。

しかし私がこれまで支援させていただいたクライアントは、この考え方を受け入れてくれました。その結果は言うまでもありません。「振り返ってみると確かに一番速かった」というのが結論です。

## あなたの会社が「職人工房」から「工場」になる

会社は、能力が社長の平均30％しかない人がいる場所だ、と捉えることをスタートにするなら、社長がこれまで培ってきた「戦闘技術」をそのままマネしてもらうことは到底望むべくもありません。

例えば顧客獲得ひとつとってもそうです。新規開拓と言っても社員が自分1人だけの力で即成果を出せるなんてことは本当にまれなケース。いきなり、では振られた方だってキツイだけです。時折「ウチは権限委譲して育ててます」とおっしゃる経営者の方がいますが、違いますね。それは責任放棄もいいところ。放り投げているだけです。

**10億円企業を設計するために取り入れておきたいのは「仕事を分解して、複数の担当者で処理する」やり方です。ひと言で言い換えれば「分業する」こと。**

言われてみれば当たり前のこと。自動車を1人で組み立てることもできるのでしょうが、工場の中ではラインが組まれ、複数の人間がそれぞれ別の作業を担当し、全体での効率を高めています。

それに対して2億円企業は、例えるなら「職人工房」。1人の、多くても数人の非常に技術の高い職人が、それぞれの仕事を最初から最後まで全うするイメージ。仕事のレベルは高いけれども、大量に仕事をこなすことは無理な仕組みです。残念ながら、職人工房的なやり方で売上を10億円に伸ばすまでには、長い時間がかかります。職人が一人前になるまでに、とてつもない時間がかかるからです。

売上10億円を目指す経営者が考えなければいけないのは、「職人工房」を発展的に解消して、〝パートさんでも品質の高い製品がつくれる工場〟に組み立て直すことです。

工場では一人ひとりの作業内容（戦闘内容）は狭く、限られています。その分熟練するのに時間がかからず、すぐに戦力になることができる。それまで職人の目に頼っていた品質をキープするためのチェック機能も代替することが可能です。

**社長の役割は「工場長＝工場設計者　兼　工場運営責任者」。**

まず考えなければならないのは、作業フローそのものです。職人は無意識的に作業の段取りを決めて仕事を進めていきますが、そんな〝ブラックボックス〟に入っている職人技を明るいところに取り出してきて、誰もができるようなやり方や流れに組み立て直すことから始まります。

あるクライアントの経営者は「自分が営業として現場でやっていたことを全部細かく書き出してみて、その流れを分解して社員でもできるような作業単位に括り直していった」と語っています。

さらにはどういう作業フローにしたら間違いがなく、速く、そして楽になるのか、を考える。自分でラインに向かって作業することではありません。**「戦闘」するのはあくまでも社員です。**

同時に「工場長」である社長には、自社工場でつくっている製品の出荷量、品質に対する責任があります。品質チェックの工程を新たにつくる必要があるかも知れません。あるいは工場の生産能力に見合うような注文も必要です。注文が少なすぎてつくるものがなく、余剰能力が出るようでは困りますし、逆に注文が多すぎてこなせないようでもいけない。

メーカーだけではなくいろんな業種の企業がトヨタ自動車の「カイゼン」に学ぼうとしています。「分業する」という考え方は、特にモノをつくるメーカーに限られたことではなく、どんな商材をつくる業界でもまったく当てはまりますし、マーケティング企画やSaaSなど、いわゆるサービスを提供するような会社でも同じことが言えます。

仕事をすることではなく、仕事は何かを考える、すなわち作業そのものをどうするかを考えるには経験がものを言いますし、アイデアも必要です。能力が高くないとてもじゃないですが、社員にはできない。つまり、必然的にこれは社長にしかやり遂げられない仕事なのです。

会社を大きくしていくにあたっては、社員数を増やしていく必要がある。しかし肝心な社員の能力は自分の30％しか期待できない。そんな環境の中で、これまでと同じような、あるいはそれ以上のクオリティをキープしたい。

このままでは、社長が1人で現場を切り盛りするだけでは到底追いつかない事態がすぐにでも発生することが脳裏に浮かんできます。

だからこそ、の「設計図発想」。

来《きた》るべき将来をしっかり予想して先手を打っておく。これこそが10億円を目指す企業のトップが果たすべき役割なのです。

## 「我が社の設計図」を最初から描き直す

2億円企業が、3億円の壁を越え、次のステージのプレイヤーである10億円企業になるためには、今までの会社をもうほとんど全部、と言っていいほど変えていく必要があります。その違いたるやソロバンと電卓、工房と工場。

そしてその変化を実現するための社長の仕事とは、「企業の設計図を最初から描き直すことである」と表現してきました。

そのように会社を変えていく過程の中で、一番の障害は何だと思いますか?

**それは決断すること、です。多くの経営者にとって、現場最前線の戦闘から自分の身を離すことが一番つらく、大きな決断です。**

コンサルティングが始まるとき、「ウチは10億円企業になります」と言われた経営者の方には、間髪を容れずに「分かりました。それでは**今日から現場には一切出ないでください**」と私は言い切ります。それができなければ、いつまでたっても10億円はおろか、3億円の壁を越えることができないと知っているからです。

今、あなたが想像されたのと同じように、みなさん絶句されます。一瞬の空白の後には、激しい反論が続きます。「そんなことできっこない」「今は絶対にムリだ」……。

そうおっしゃる気持ちは分かりますし、今そう言わざるを得ない事情もよく分かります。それでも「現状がそうだからこそ、現場に出てはいけないんだ」というのが私の主張です。

会社が大きくなるときには社長のやるべきことが変わる、とは要するに「自分が現場に出ない＝お客様の相手を直接しない＝それでも社員たちだけで仕事が受注できて、かつ回る」ようにすること。

その仕組みをつくることを「ビジネスモデル」「設計図」と呼んでいるわけですが、理屈は分かっても実際に行動に移していくことが難しい。

難しいのですが、このヤマを越えないと、その先にあるはずの10億円……は見えてきません、絶対に。

**10億円企業のビジネスモデルをつくることに本当に賛同していただけたとき、すなわち「もう現場には出ない」と決めていただいた瞬間から、「社長の仕事」が変わります。変わると同時に、会社のあり方そのものが変わってしまうことになります。**社名だけは同じですが「設計図」がすっかり入れ替わってしまいますから、その中身が全然違うものになる。後は10億円までの道をまっしぐら、です。

「ビジネスモデル発想」「設計図発想」を本気で納得してもらうために、最近よく使っている例え話をしましょう。

私のところに相談に来られる経営者の方々には「一人芝居から劇団になるんですよ」と言っています。

2億円までは一人芝居。どんなお芝居にするのかを決めるのも自分、舞台の上に立って演じるのも自分。それも最初から最後まで、１人で演じっぱなしです。台詞の変更も自在ですし、アドリブだっていくらでも決められます。客席にいるお客様から喝采を浴びるのも自分。これがとっても気持ちいい。うまくステージを決められたときの快感はちょっと他には代え難い。

それに比べて10億円企業は劇団です。俳優が何人か所属していますし、舞台裏で活躍する裏方さんもいる。ところがその俳優さん、あまり演技が上手じゃない。飲み込みも早くはない。ましてや自分で自分の台詞なんて書けません。結局、あなたが芝居の台本を書き、稽古を付けてあげる必要があるのです。

あるシーンの中で、どう演じればいいのか。作品の全体像を把握してもらいながらも、俳優一人ひとりの仕事が〝分業〟されていることも、会社の経営と同じです。

**このときの経営者であるあなたの役割は、劇作家兼演出家、です。**こうなると自分自身が舞台に立つことはできなくなってきます。

大勢の人が関わってきますから、何でもかんでも自分勝手にはいきません。新しい芝居のためには新しい俳優が必要になりますし、俳優が育ってくれれば、新しい活躍場所を求めてあなたの劇団を去って行ったりするかも知れない。また、お客様はあなたの劇団の芝居を求めているのであって、あなたの俳優としてのパフォーマンスを求めていない、なんてこともある。

ある意味気ままに過ごすことができた一人芝居時代に比べると、本当にいろんなことが変わります。一番大きいのは自分の機能＝職業が、すっかり変わり始めることでしょう。俳優として演じることから台本を書き、舞台を演出し……へは大きな「転職」です。

現実の舞台の世界でも俳優は大勢いらっしゃいますが、それに比べて劇作家の数はそれほどでもありません。そして俳優から始まって劇作家になった人、は本当に数えるほどではないでしょうか？　極論ではありますが、演じる方が楽、なのです。

さらに会社の規模が大きくなれば、「劇団四季」のようになるわけです。連日、3つあるいは4つの劇場で芝居やミュージカルを並行して興行しています。そのいずれもがロングラン。半年から1年ぐらいは公演しています。

そんな状況の中では演出家だと言っても、すべての舞台を見ることは不可能です。そしてそれぞれの舞台にしても必ずダブルキャスト。同じ役を演じる俳優さんが2人、ないしは3人キャスティングされています。

一部のマニアな方は別として、来場するお客様は俳優を観に行くのではなく、「キャッツ」「ライオンキング」……などの舞台作品そのものを観に行くのです。劇団四季のトップとして、劇作家であり全体のプロデューサーを務められていた浅利慶太さんは亡くなりましたが、劇団四季の人気は衰えることがありません。

**つまるところ、企業の成長に従って、トップである社長の仕事は何回か大きく変わっていきます**。主演俳優から劇作家へ、さらには総合プロデューサーへ。名前だけではなく行動自体が変わってしまうことになります。

## 設計図＝確度の高い成功体験

さて……例え話なども しながら、10億円企業を経営するとはどんなことなのか、をお話ししてきました。ここでもう一度、「設計図」というところに戻ります。

この日本で数多くの経営者が10億円企業への道を通って行きました。その道のりは企業によりけりではありますが、大局に立ってみるとかなり似通っています。

そして彼らがつくり上げた10億円企業を動かすための経営システムにもまた、多くの共通点があります。いわば、2億円企業の経営者であるあなたにとってのゴールは、もう明確になっているということですね。設計図、とは経営システムのことですから。

もうお分かりだと思うのですが、10億円企業がどんな形を持っているのか、はすでにほぼ明らかなのです。私のもとには3億円の壁を越えて、10億円企業へ、さらにはその先へとステップアップしていった経営者たちが何を考え、どこで迷い、そしてどのようにブレイクスルーしていったのかという過程がストックされています。

「設計図」にはもうその基本形があるのです。ある意味、後に続く成功者になろうとするなら、先人の成功体験を模倣すればいい。何であれ、物事を成功裏に導くためにはトライアル&エラーが必要ですが、「10億円企業の設計図」を持っているなら失敗が少なく（ゼロとは限りませんが！）、よりスムースに、より効率的に成長への道をひた走ることができます。

このモノマネは、パクリではありません。やはり企業経営とはそれほど甘くはなく、自社の事情に適合したマーケティング戦略などを考え、実行していかなければうまくはいきません。そのままパクっているだけではダメです。マネをしながらも、オリジナリティを出していく。もっと正確に言うなら、成長していく会社は自然とオリジナリティが出てきます。私がずっと以前から主張している「一点突破」「一本立てる」というコンセプト、自社だけが提供できる価値をつくることは必要不可欠なステップです。

## 設計図＝総合的な経営のシステム

システム、と言ってもイコールＩＴシステムの社内導入がどうの、ということではありません。すでに少し触れていますが、10億円企業としてやっていくためには「人の問題」は絶対に避けて通れません。人の問題とはイコール採用。そしてこれはマネジメントの領域の重要な課題です。

お手伝いをしたクライアントの経営者たちが、私のコンサルティングを称して「イソズミ・マジック」と呼んでくれたりしていますが、もともとは「業績アップ＝マーケティング領域でのサポート」をメインにしていました。

「即業績アップ」は依然として私が提供できる大きな価値の1つですが、クライアントの企業としての成長に伴い、現在ではこうした領域にプラスして、マネジメントに関わる課題に対してもコンサルティングを積極的に求められるようになってきています。短中期的な売上アップだけではなく、中長期の視点でビジネスモデルをどうやって組み立てていくか、の領域です。

**ビジネスモデル＝マーケティング＋マネジメント**。まさに総合的な経営システムなのです。今、「組み立てる」という言葉を使いました。このシステムの別名として「設計図」を使っている理由です。

マーケティングとマネジメントのバランスを取れない企業はいつか必ず壁にぶつかりますし、その壁をなかなか乗り越えられないのが現実です。マーケティング的な売上アップの手法だけではせいぜい3億円まで。

企業として脱皮するためには、やはり経営の全体像が見えている、全体像を仕組みのつながりとしてイメージできていることが重要な分岐点になります。

## 設計図＝鮮やかなゴールイメージ

10億円企業を動かすキャストは経営者だけではありません。社員とスタッフが大きな役割を演じることになります。しかし彼ら、彼女らには経営の全体像を予見し、構築するだけの能力はまだありません。あなたの仕事は自社のゴールイメージと、そこにいたるまでのステップを分かりやすく提示することです。俳優から劇作家へ、の変化です。

物語の結末がどうなるのか、が分かっていれば、その途中での演技がより全体を意識したものになり得ます。**視野の狭い部分最適ではなく、将来を見越した全体最適へと社員一人ひとりの仕事内容や言動が変わるのです。**

この違いは、本当にビックリするほど。まったくと言っていいほど違ってきます。目的地が分かっているかどうかの差は大きい。ゴールが共有できていると、文字通り全社一丸、という感じになっていきます。

そして会社全体が同じゴールをイメージできていれば、そこにいたるスピードが変わります。もちろんスピードはアップします。迷いがなくなると誰もが心配なく全力疾走できるのでしょう。トップがいちいち目を光らせなくとも、しっかりとした動きが取れるようになります。

芝居の幕が一度上がってしまえば、後は俳優の頑張りに任せるしかありません。3億円の壁を越えて成長が始まれば、すぐさますべてのお客様との商談や納品にあなたが立ち会うことは到底不可能な状況になります。しかし、会社が綿密に考えられた仕組みを用意し、それぞれの俳優が自分の役割をしっかりと演じることができれば、お芝居は成功。客席からは拍手喝采です。

## 設計図＝ベンチマーク／コスト削減の要

10億円企業の設計図を手に入れた経営者は、同じ商圏のライバル企業に対してとても大きなアドバンテージを持つことになります。それは「今、何をすればいいのか」について迷う必要がなくなるからです。

伸び悩んでいる企業の大半が、何をすればいいのか（WHAT）が定まらなくて、あれこれと考えているだけで多くの時間を無駄遣いしています。むろん考えない経営者は即退場、ですが、考えすぎるのも悪いこと。私は**「経営者が考えている時間こそが最大のコストである」**と講演の機会があるたびにいつもお伝えしています。

大企業ならともかく、メンバーが数人しかいない中小企業は行動がすべて。動き回れるからこそ、自社にとっての最適解にも先んじて到達できるのです。そして設計図があれば、正解か不正解かの判断も簡単になります。基準を持つことのベネフィットです。

我が社が現在打っている施策の善し悪しを直ちに判断することができる。時間という平等な、しかしもっとも重要な資産をフルに有効活用することが急成長への近道です。

2億円、10億円という規模にかかわらず、経営とは常にトライアル&エラー。いつでも絶対に成功する施策などはありません。

例えば、私が船井総研時代に開発してリフォーム業界を風靡《ふうび》した「反響型チラシ」にしても、時がたつと競合他社が次々とモノマネをしてきました。表面的で本質をついていないサルマネであればまったく恐れるに足らずですが、あなたの本当のライバルはコンセプトをしっかり把握し、追撃してきます。それを感じたなら、さらに上を行くマーケティング施策を打ち出していかないと、いつかは追いつかれる。

**経営者に忘れて欲しくないのは、チャレンジし続けること。新しいことにトライし、うまくいった点を強化しながらさらにチャレンジしていくことが必要だと思います。**

ただ、やみくもに鉄砲を撃ちまくるのは下の下。「どの範囲に撃てば、命中精度が高いのか」は、分かっていると考えてください。そのための基盤が設計図。チャレンジする精度を高めることで、コスト削減にも大きく貢献します。

## これが「10億円企業の設計図」

さて、それでは56～57ページの「10億円企業の設計図」をご覧ください。一見、何でもないような図だと思われたかも知れません。どこかで見たことがあるよ、という方もいらっしゃるでしょう。

設計のパーツの一つひとつはそれほど目新しくはないでしょう。勉強熱心な経営者の方なら一度は目にしたことがあるでしょうね。部品単体ではそうであっても、〝製品全体〟として並べられる方はほとんどいらっしゃらないはずです。

あるいは「え、こんなにたくさんやることがあるの！」と思われた方もいるでしょう。これは必要最低限のセット、だと思ってください。2億円企業と10億円企業との違い、がこうして見てみると一層明確になります。2億円規模ではほとんど必要ないか、ほんの少しでよかった案件が、非常に重要になってきます。

もう一度、「10億円企業の設計図」を見てください。大きくはマーケティングに関するパートとマネジメントに関するパートに分かれています。当たり前ながら、この2つが経営の両輪。ともに欠かすことはできません。

マーケティングでは商品づくりの基本から、見込み客集め、営業、そしてリピーター化までの一連のプロセスを分解して見せています。分解された各ステップは社員が個人で行うことと、組織（会社）がフォローすること、のさらに2つに分かれます。

このうちの後者、会社が営業マンなどの個人の社員をどうフォローするのか、そしてそのフォローされた環境の中で社員が果たすべき役割を明確に規定してあげるのが、劇作家、としての社長が時間を費やすべき仕事です。

それからマネジメント。私は中小企業の成長をお手伝いするコンサルタントですから、

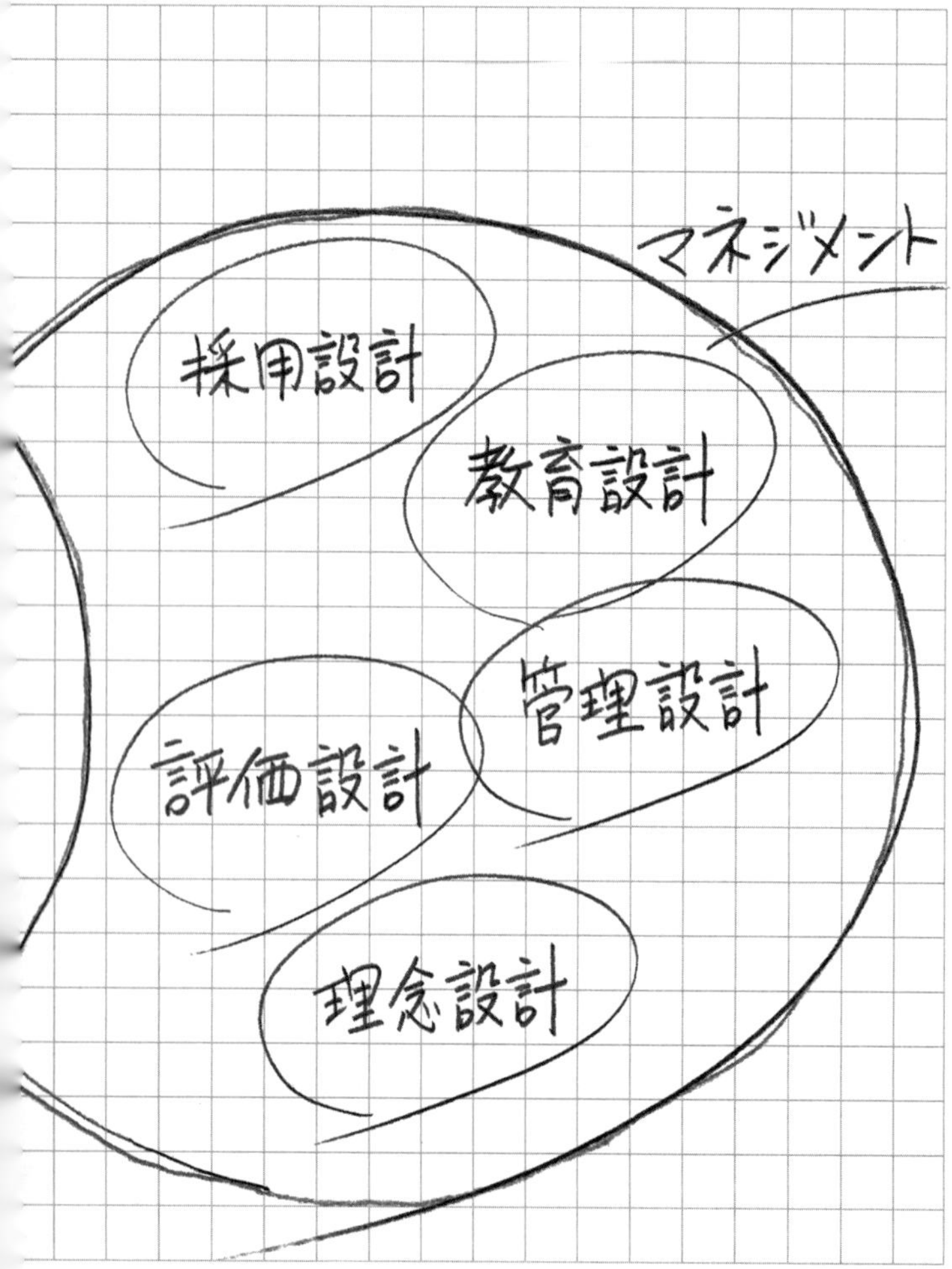
マネジメント
採用設計
教育設計
管理設計
評価設計
理念設計

**図01｜10億円企業の設計図**

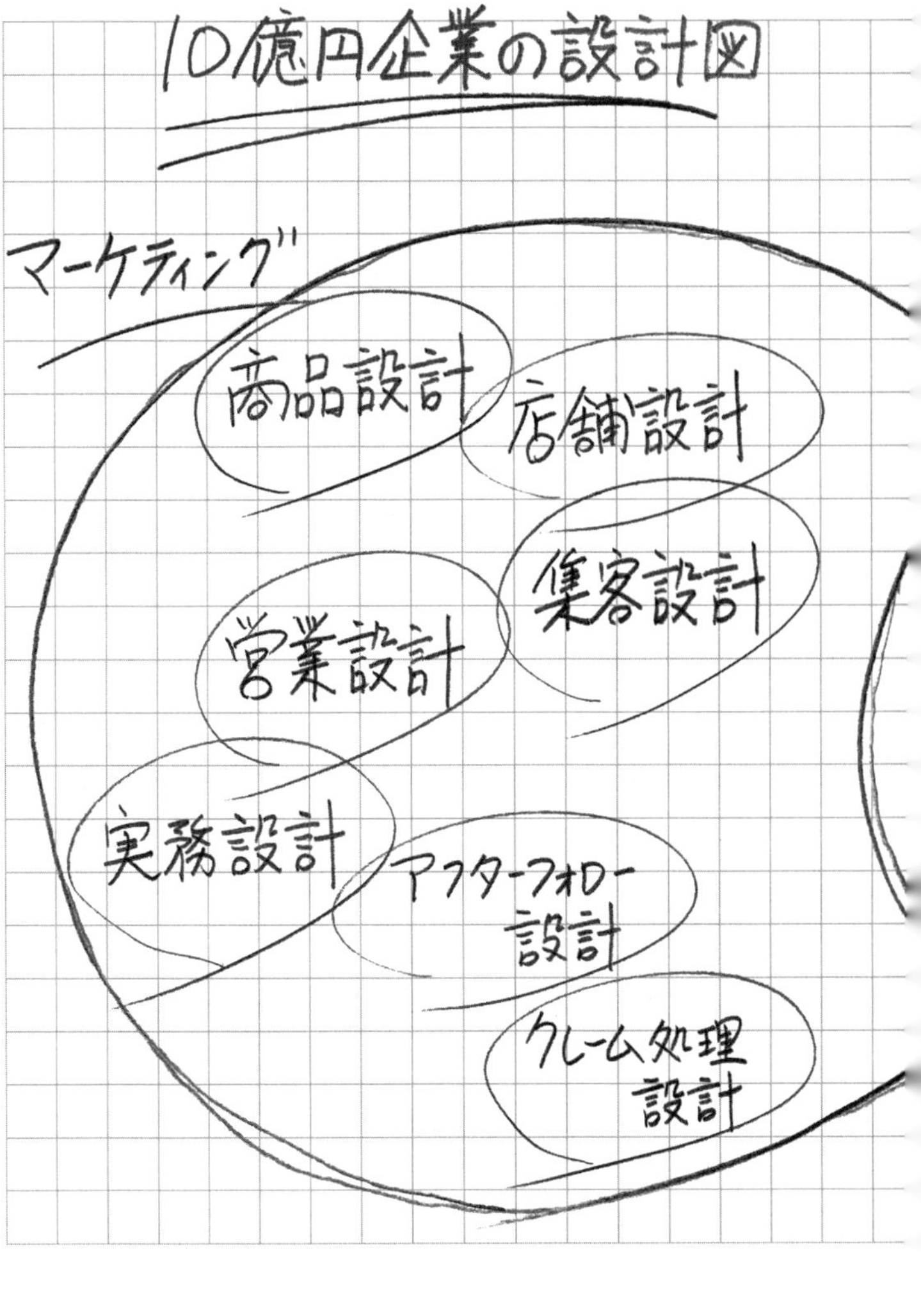

ＭＢＡ（経営学修士）やらの大企業向けの話は一切ありません。いたって現実的な、実践的な項目のみをピックアップしています。一番の議題は人の話。採用、教育、管理、そして評価。ただの人材をたちまち人財に変えてしまう方法があります。

さらには企業理念についてもぜひお伝えしたいと思っています（パーパス、と呼ぶ人もいます）。正直に申し上げて、10億円企業になるために絶対必要かと問われると、「特になくても大丈夫ではあります」が返事です。企業理念がなくても、マーケティングとマネジメントの仕組みがキチンと整っていれば、それなりの規模まで企業を成長させ、業務を回していくことは可能です。でもそこ止まり、です。次なるステップに踏み出すためには、そしてお客様、取引先、社員から高い信頼を得るためには、必要不可欠な要素です。

また、10億円企業への成長の途上においても、企業理念を活用することは十分可能です。**中小企業にとっての悩みの種である大手企業との低価格競争に巻き込まれないための隠し技が、企業理念。これを事業の基本にしっかりと据えている企業は強い。そして理念ある企業こそがお客様に対して揺るぎない信頼とかけがえのない価値を提供することができるようになります。**

となるとやはり、御社がこれから描こうとしている設計図にはぜひ入れ込んでいただきたい。詳しくはまた、後ほど検討することにしましょう。

## よくできた設計図は無駄がない。そして美しい

10億円企業のビジネスモデル／設計図、その詳細は順々に解剖していきましょう。ここではもう一度全体を俯瞰して欲しいのです。幾千もの企業がこの道を通りすぎて行きました。その結果として得られた設計図には、無駄がありません。必要かつ十分。そのための条件が過不足なく揃っています。もちろん無理もありません。スーパー営業マンや、MBAホルダーなんていりません。誰もがスムースに参加し、成果に貢献することができます。1人、もしくは数人の力量にはよらないのです。

そしてモデルとして美しい。無駄や無理がないビジネスモデルには美しさがある、と私はいつも思うのです。派手ではないかも知れない。しかしふれあったお客様や取引先、何より社員と経営者であるあなた自身が、毎日を楽しく、生き生きと過ごせるビジネスモデ

ルです。これからの時代、がむしゃらさだけでは生き残れません。格好よく、行きたい。これは私のコンサルティング活動を続けていくにあたっての信念の1つです。10億円企業への道は決して平坦ではありませんが、それほどの難路でもありません。突破できるところは必ずあります。それがもう分かってしまっているのですから、ある意味で鮮やかに、軽やかに突破していきたいと思うのです。

汗水たらして回り道……ではなく、やるべきことを漏れなくやって、しごくストレートに成長する。そんなやり方、ビジネスモデルを考え、構築し、そして実現してしまうことが経営者である社長の仕事なのだと私は思っています。

さらなる成長への最短距離を描き込んだ地図とも言うべき「10億円企業の設計図」が今あなたの目の前にあります。他に必要なのは経営者としての決断だけです。

第2部

# 10億円企業への<br>ボトルネック

成功要因がボトルネックになる逆説。
2億円企業の限界を知る

経営者が次のステージを意識したビジネスモデルを考えられないと、残念ながら企業のさらなる成長は望めません。小さなコップには、大量の水は入りません。どこかで必ず破綻をきたします。2億円を10億円にするために必要なのは「気合い」「根性」「汗」ではなくて、「仕組み」「構造」「設計図」なのです。

今までの路線の延長でもない。ガラリとやり方を変えていかなければなりません。「変える」というよりも「換える＝交換する」ぐらいの言い方がニュアンスとしてはピントが合っているかも知れません。

この大きな変革の必要性に気がついていただけるかどうか、が10億円企業へのスタートになります。

**そして変革しなければならない最大の存在が「社長そのもの」です。2億円企業がステップアップするためのボトルネックは社長の行動なのです。**

これは2億円までの成功要因が一番のマイナスになってしまうという逆説です。今までは社長であるあなた自身が現場の最前線で華々しく戦闘していなければ、到底ここまでの成功はあり得ませんでした。それは事実です。しかし、残念ながら10億円という数字を達成しようと思うなら、社長が前面に立っていくやり方は会社の成長を邪魔します。邪魔をするだけでなく、成長にとって必要な社員の戦力化をもダメにしてしまうのです。

この話は、なかなか衝撃的でしょう。経営者としてのこれまでの努力をなかば否定されたかのように受け取られる方もいます。このポイントを理解していただけるかどうかが、実際のコンサルティングの現場でも一番の関門です。

**社長の行動が変わる（換わる）ということは、企業経営の構造が変化することです。企業の設計図が置き換わることです。**

続く2つの章では2億円企業の仕組みを明らかにすることで、会社の設計図を描き直し、新しいビジネスモデルを取り入れることが絶対に必要であることを説明していきます。

実際のコンサルティングの現場でも、2億円で止まってしまう構造に気がついてもらえるかどうかが大きいのです。コンサルティングというライブな環境でなら一度で済む話でも、本という形態を取っている以上、どうしても緩慢になりがちなのは否めません。そのため、しつこいぐらいに、ここは強調させてもらいたいと思っています。

先を急ぐ方は、第3部、101ページ以降を先にお読みいただいても結構です。しかしその後でこちらも目を通してください。病気の原因を特定できずにクスリだけを飲んでいても、回復は望めません。自分のどこが、どの程度悪いのかを経営者は知っているべきですから。

## 第2図

# マーケティングの限界
## 売上が伸びないすべての原因は社長という現実！

### 社長が営業の現場にいる限り、2億円以上には伸びない

創業してから順調に業績を伸ばしてきた企業。その成功要因は、大きく分けて2つあります。

まずは商品力。商品そのものに力がなくては商売そのものが成り立ちません。規模は小さいながらも自力で商品を製造している企業を別とすれば、2億円企業の多くは自らが独自の商品を企画開発しているわけではないと思います。小売業態のように商品そのものを

直接仕入れて販売するか、住宅・建築関連のように中間財を仕入れ、それを素材として組み立てるような業態をメインにしていることが多いと思います。このような場合は、仕入れるもの自体の品質は、ナショナルメーカーが生産するものであって、それほど悪いものではありませんから、商品力自体はそこそこ。

大局的に見れば、2億円企業のボリュームゾーンを構成する企業は、商品力だけで競合他社と差別化を図れているわけではなく、商品力（またはブランド力）にはほとんど差がありません。

つまり、成功要因の2つ目である営業力で自社の業績を伸ばしてきた、と考えられると思います。

営業として展開してきた木目の細かい手厚いフォローや、ねばり強いアプローチが評価されて実績が積み重なってきたケースがほとんどでしょう。それは優秀な営業マンがいたからこそです。

そして、**2億円企業には優秀な営業マンが1人しかいません。社長であるあなたです。**

**逆説的なのですが、この事実が御社のさらなる成長を止めてしまいます。**今日まで会社を支え、業績を伸ばしてきたにもかかわらず、です。

多くの社長が「これから会社を大きくしていくためには、さらに自分が営業を頑張らなくては」と思っていますが、これが一番の間違い。社長が営業を頑張れば頑張るほど、10億円企業の夢は遠ざかってしまうのです。

**10億円企業の設計図には、「社長が営業をする」とは書いてありません。むしろまったく正反対に「社長は営業現場から手を引く」のが基本原則です。**

私の経験上、非常に優秀な営業マンであっても年間売上の上限はだいたい2億円程度です（業種により多少の上下はあります）。

この数字は営業マンが相当な時間を注ぎ込んで、の結果です。どんなに頑張っても2億円が物理的なキャパシティの限界だと考えてください。

それ以上を目指そうとした場合、経営者のほとんどが営業マンを雇い入れようと考えます。理想論でいけば、1人当たり2億円×2人＝4億円、5人なら10億円……という皮算用です。

もちろんその通りにはなりません。当たり前の話で、雇い入れた営業マンが社長なみの営業成績を上げることはまず不可能です。平均すれば社長の30％程度しか能力がありませんから、2億円の30％だったら1人当たり6000万円。ですが現実はそれほど甘くはなくて、ほとんど役に立っていない、自分の分すら稼げないでいるケースの方が多いのではないでしょうか。

「ウチは営業だけで4人います」とおっしゃる経営者もいます。「なるほど、それでは営業マン1人ごとの売上高の内訳を見せてください」とお願いして見せていただくと、売上のほぼすべて、70～80％はその経営者が稼いできた金額であったりするケースの多いこと。

もし営業マンが全部で4人だとしたら、社長を除いた残りの3人で20～30％ですから、1人当たりにしたらせいぜい10％あるかないか。この状況では自分の給料が出るかどうか、といった水準ですから、雇っているだけ損をしているような勘定です。

とはいえ、社長以外の営業マンが数字を上げられないのにも構造的な理由があります。人を雇ったから、売上が増えるのではありません。

3億円の壁を越えられない企業では、営業マンが入社したら名刺だけつくって、「じゃあ行ってこい」とポンと放りだしてしまうケースが非常に多く見られます。商品知識もない、見込み客リストも持っていない、自社のこともよく分かっていない状態で営業しろ、というのは酷な話です。

その上、「お客様を見つけるためには飛び込み営業でも何でもしてこい」と旧態依然の方法を押しつける。見込み客集めから契約まで続く、一連の営業活動の流れのすべてを1人の営業マンに投げてしまっている状況です。

確かに創業間もない頃は社長自身が飛び込み営業をしたかも知れませんし、それでそれなりの成果を上げたこともあったでしょうが、今目の前にいる営業マンにはそれほどの技も熱意もないのです。

会社の設計図、ビジネスモデルに沿って計算された集客と営業の仕組みがなく、営業マン個人の才覚に任せてしまっていては、事態は一向に好転しません。

このようないびつな状態のままで営業マンをいくら増やしても、経営が苦しくなるだけなのはお分かりでしょう。営業マンとしてのキャパシティが2億円である、という原則を踏まえると、たった1人の優秀なスーパー営業マンに頼り切った収益構造のままでは、まず3億円の壁を越えることはできない相談です。

社長の営業力に頼らなくても売上が立つ構造、営業体制をつくり上げてしまわなければ、10億円には届かない。そして社長が現場で戦闘を続けている限り、社長への依存体質も変わりませんし、新しい営業の仕組みを考え、形にするための時間もありません。いつまでたっても自転車操業的なやりくりが続くことになるのです。

**いち早く、自分頼みの営業体制から「自分がいなくても売上が立ち続ける体制」に移行**

**できるかどうかが10億円企業に脱皮する鍵を握っている**、ということです。そのためにやるべき社長の仕事はいくらでもあります。現場に出るな、と私が口をすっぱくして繰り返すのはそれが理由です。

平均すれば能力が自分の30％しかない営業マンばかりでも数字が見える。それこそが10億円企業の正しい姿なのです。

## 「ウチは紹介客が多い」の勘違い

もうひとつ、チェックして欲しいものがあります。それは現時点での顧客リスト。売上2億円というレベルでは、顧客のほとんどがいわゆる社長の人脈で占められていることが多々あります。要するに社長が直接知っている方と、その方々を介しての紹介客です。広がりがあると言っても、地元の商工会議所や何かのセミナーで知り合ったお客様にまで手を広げているくらいでしょうか。

経営の視点から言えば、紹介客は営業コストが少なくて済みますから、その割合が多いのは嬉しいこと。

ただ問題はそれが社長個人の人脈だ、ということなのです。こういった義理人情系の人脈による紹介ルートには、構造上の限界があります。「ウチを担当してくれるのは社長じゃなきゃ困る」などと言われてしまい、営業マンの代替がきかないことです。

お得意様のご要望ですし……ということで、そう言われるとやはり社長自身が出て行くことになります。

この関係が増えていくことが、将来の10億円企業にとってはボトルネックになります。**社長でなければ、と要望するお客様ばかりでは、それ以上は伸びなくなることを意味しているからです。**社員に任せることのできない顧客がどれだけ増えても、限界は2億円。しかも忙しいのは社長ばかりなり、という姿がその先にあります。

**このジレンマを打開しようとして営業マンの社員を社長人脈系の顧客担当にしようとしても、なかなかうまくいきません。**上手に引き継げないのです。

まず1つ目の理由は、自社と顧客とを結んでいるものが商品力や企業のブランド力ではなく、個人的な人間関係だからです。商品がどうのこうのではなく、誰が担当か、が問題視されているのであれば、そもそも他の人が対応しても無駄です。余人をもって代え難い、と言うのは簡単で気持ちいいのですが、社長がそれに忙殺されているのは本末転倒。こんな関係ばかりで営業が成り立っているのなら、いくら人が増えても関係ありません。

理由の2つ目は、営業マンとしてのレベルの違い。やはり社員の営業マンは社長ほど経験もありませんし、得意先の好みも分かりません。カンがそれほど働くわけでもありませんから、普通に見れば十分な対応をしていたとしても、結果としてクレームが入ることが多くなります。

クレームを処理するためにまた社長が出動して、あれこれとやっていると、結局は同じこと。かえってクレーム処理の方に時間を割かれたりします。

いずれも構造的な問題。そして原因は社長が現場の第一線で活躍しているから、という逆説です。

自分がいないとお客様が満足してくれない、部下にはまだまだ任せられない……と思っているなら、2億円が限界。それは「会社≒自分」であって、先ほどの例で言えば、完璧な一人芝居になっていることがお分かりでしょうか。

これが10億円企業であれば、社長の人脈とまったく関係のないところから顧客が生まれてきます。そしてその顧客を最初から担当し、満足していただくまでお世話するのは社員。そんな営業活動が継続的に展開され、社長が自分で出て行かなくても顧客の確保には困らない集客ができるようになっています。紹介客も社長の知り合いでも何でもありません。

**顧客リストの内容が、2億円の頃からは相当変化していくことになります**（そもそも、規模が2億円を超えるサイズになってくると、すべての顧客を自分がフォローすることが不可能になってくるのですが……）。

そこまで社長の手から営業活動全体が離れていかなければ、到底10億円には届かない、ということでもあります。

営業活動の質が変わっていく過程においては、それまで自分が開拓してきたお客様が自社から（感覚としては自分から、でしょうか）離れていってしまうリスクもあります。

会社が大きくなる、とは自分と会社とが切り離されることでもあるのです。お客様と経営者との関係も大きく変わりますが、その変化を先に知った時点で受け入れられるかどうか、で経営者としての器を問われることにもなります。

10億円企業になりたいなら、それでもやっぱり社長は現場から身を引いてください、ということなのです。

## 売上2億円までは「超・優秀な個人事業主」にすぎない

「社長が現場にいると会社が成長できない」という逆説は、営業の側面から2億円企業の構造を明らかにすることでもありました。2億円までは順調に機能してきたスーパー営業マンである社長の存在が、かえって邪魔になってしまうカラクリがお分かりいただけたでしょうか？

もう一度整理してみると、**売上2億円までは、いわば「超・優秀な個人事業主」なのだ、**と私は捉えています。

形式上は株式会社であっても実態は個人事業主。顧客を獲得する営業から最後の納品、クレーム処理にいたるまですべて社長1人で切り盛りしているからです。

当然、豊富な現場経験によって、社長の頭と身体はそのステップのすべてを体得しているでしょうし、何かトラブルが発生しそうなときでも自分自身の経験とネットワーク、そしてアイデアをフル回転させて切り抜けているはずです。

そして**自分で何でもできるがゆえに、自分以外の社員が活躍する舞台をつくることに手つかずでいるし、社員を育成し、教育することもままならない。**あるいは自分が忙しすぎてそんなことにまで頭が回らない、と言ってしまった方が実態に近いかも知れません。

10億円企業への道を歩き始める、とはこの悪循環の構造と決別することです。社長が仕事を回すのではなく、社員が自律的に動き、仕事が回っていくような大きな仕組みをつくることです。

それは同時に「個人事業」から「本当の意味での企業組織」へ自社を変換させることでもあります。10億円企業は、社長一族からではなく社員の中からスターが生まれます。企業組織には、スターもいれば、営業成績がパッとしない人材もいる。平均すれば、社長の能力の30％程度の人間の集まりです。

しかしそうした集まりでも、それぞれに役割があるのです。いやそれぞれの人間が役割を担って動けるようにするのが社長の仕事です。そしてキチンと全員が役割を担って動ければ、全体としては大きな力を発揮できる。そうした組織内部の回路がうまく機能し、動き続けられるように設計することができたなら、スーパー営業マンが1人2人いたってかなわないでしょう。

そうなるために何をすればいいのか？　この課題をいつも考え、そして解決するため設計図を引き、仕組みづくりを行うのが、今日からのあなたの仕事になるのです。

第3図

# マネジメントの盲点

## 人材育成を阻んでいるのも社長という現実！

### 「社長の右腕」を欲しがる採用方針が成長を阻む

経営上の課題というのは多かれ少なかれ、他の要素とリンクしていますから、一概に「これだけが問題です」と抜き出しにくい。そういう意味では、2億円で止まってしまう企業が内包しているマネジメントの問題は、マーケティングの問題と表裏一体です。

その中でも一番の問題となるのは、やはり人。2億円止まりの企業が抱えるマネジメントの課題は、そのほとんどが人の問題です。その規模までは実質的には個人事業主ですから、社員のことはあまり問題にはなっていないのですが、いざ2億円を超えての成長を目指そうとしたときに、最初にぶつかる課題です。そして成長し続ける過程において必ず社員数は増えていきますから、経営を続ける限りいつまでも悩まされる問題でもあるわけです。

特に「採用」は非常に大きな悩み。「いい人材が欲しい」は古今東西すべての経営者の口癖ですが、実際にいい人材を獲得できるケースはまれ。99%の経営者が採用については失敗を続けているのが現実ではないでしょうか。

加えて、どうしたら本当にいい人材が採れるのかを教えてくれる先生も見つからない。手探りの状態で、恐る恐る採用活動を行っている……そんな企業が多いと思います。

私の支援先でも、採用に関しては年中相談を受けます。よくあるのは「自分の右腕になってくれるような人材を雇いたいと思っているんですよ……」というもの。

ハッキリ申し上げてしまいますが、それは無理な相談。もしそんな人がやって来たら相当にラッキーで、宝くじならもう間違いなく1等賞。社長の右腕となるくらいの実力を持った人材をおいそれと獲得できるほど世の中は甘くありません。

社長の右腕になるほどの人材は、あなたの会社には応募してきてはくれません。採用マーケットから見れば会社も商品です。自社という商品が仕事を探している人に魅力的でなければ、30%どころか10%にも満たない、それこそ箸にも棒にも掛からない人が面接にやって来るのです。

この現実を知らずして採用活動を行っている企業ばかり。理想と現実との間には必ずギャップがあるものですが、ここまで大きいと埋まりようもない感じです。

よしんば、そんな優秀な人材が応募してきたとしても……人間は自分以上に能力のある人を雇えません。これには心理学的な理由があるのでしょうけれども、経験則でもそうです。いざ目の前に自分と同等あるいはそれ以上の能力を持った応募者がいたなら、NGを出してしまうでしょう。それなのに、「人がいない……」と悩んでいるのですから人間とは面白いものです。

まずは現実の人材市場を知る、そして感情の動物・人間が持つジレンマを認識してください。

それだけではありません。もしも未曽有の買い手市場でめぼしい人材がごろごろしている採用天国にいたとしても、10億円企業になろうとする会社の人材採用戦略が「社長の右腕獲得」であること自体、間違いだと言わざるを得ません。

極論をあえて言うなら、**社長の右腕社員がいなくても、10億円企業になることはできます。いきなり優秀な社員を欲しがる経営者は、このポイントが理解できていません。**

すでにご説明した通り、10億円企業に必要なのは「能力が高い社員でも低い社員でも各々が自分の能力を発揮して仕事が回る仕組み」であり、「その仕組みを設計し、製品としてつくること」でした。

こうした仕組みを考え、会社の設計図を引くのが社長の仕事。この仕事は非常に重要、まさに会社の存亡に関わることですから、人に任せるべきではありません。自分で判断、決断していくべき領域です。この仕事は社長の右腕が1人だけいても解決できることではないとお分かりいただけるでしょうか？

反対に社長の右腕を採用しようと考えるのは、それまでと同じ、旧態依然の「2億円企業のビジネスモデル」です。社長と同じように1人で顧客を獲得し、業務を回して、というモデル。

その限界はすでにお伝えしてきた通り。1人当たりのキャパシティが約2億円ですから、社長と右腕社員とを合わせてもまだ4億円にすぎません。それ以上の拡大を望むには、今度は〝社長の左腕〟でも連れて来ないといけない。再び採用活動に非常に大きな期待がかかってしまうビジネスモデルであることが簡単に予想できます。さらには右腕社員の持つ個人的な能力に多くを依存する経営モデルでもありますから、中長期的な視点から分析すれば、非常に不安定なモデルであるとも言えるのです。

個人に依存する2億円のビジネスモデルは、経営者が自在にコントロールできない不安要因が多くなります。

同時にスピードも速くはない。私が提唱するビジネスモデルは2〜3年で10億円規模へ、というものですが、個人が持つ力量の高さを前提としたモデルでは、採用ひとつとってもやはり不安定。先を計算することができません。

幸運が続くのであれば、「結果として3年で10億円」も可能でしょうが、決してお勧めできるものではないのです。


「社長の右腕幻想」から脱却できない限り10億円企業にはなれない、と考えてください。大事なのはすべての土台となっている事実です。

それほど即戦力の人間はウチには（少なくとも今は）入って来ない、という事実に納得できれば、迷うことがなくなります。偶発的で不安定な「社長の右腕幻想」に振り回されなくなるのです。

今の時点で集まってくれる人材が育つためにはどうすべきか、あるいは各々が力を発揮しやすい仕組みをどのようにしてつくればいいのか、と考えるようになります。

現実としては能力の高い人間、低い人間を混合した組織を率いて、顧客を獲得し、業務を回転させ、そしてお客様から対価と満足をいただき……と経営のサイクルを動かしていく必要があるのです。

このような10億円企業の仕組み、設計構造が理解できていれば、社長1人で十分。社長の右腕なしでも成長していけるのです。

そうなった後は簡単、速いです。自分が営業に出ない、加えて人材は自分の平均すれば30％レベルが集まってくれればOKだと腹の底で決めたら、後はどうすればいいのか……を自分でも驚くくらい必死になって考え始めます。もちろんどうすればいいのか、についてはもう先人の教えがあるのですから、それほど悩む必要もなかったりするのです。必勝の方程式は目の前にあるのですから。

## 社長が社員教育から逃げている、だから人が育たない

頑張って人材を集めようとしても、そして自分の30％ほどの能力で十分だと思い、そのレベルでの仕事の成果を期待していても、いわゆる即戦力となる人材はなかなかいません。ポテンシャルが高い人だったとしても、自社の業界や社風、やり方を知らなければ、動きたくても動けないからです。素材がむき出しのままでは、自社にとっての即戦力にはな

り得ないのが現実。雇った方が一人前にしてあげるだけの教育を提供する義務があるのです。初期教育、そして継続的なスキルアップのためのトレーニング。いずれにせよ人材の教育は重要な意味を持ちます。

しかし、現場仕事はできても、他人の教育という仕事ができない経営者ばかりです。それももっともだとは思います。自分が受けたこともなければ見たこともない社員教育をさあやってくださいと言われても、社長だって困るだけでしょう。

自社を2億円にまで成長させてきた経営者は、放っておいても自分1人で何とかしてしまうだけの高い能力を持っています。また先輩や上司から仕事の仕方や営業のノウハウを盗むのも上手です。誰から教わったわけでもなく、気がついたらできていたというような人です。

自分ができてきただけに、立場が変わるとどうしていいか分からなくなる。最近、部下教育のコツを伝えるタイプのビジネス書が増えているのは、そんな時代を反映しているからかな、と思うのは私だけでしょうか。

自分が苦手に思うことも手伝ってか、社員教育を疎かにしている経営者が多いのは残念なこと。経費の処理などといったごくごく事務的なことだけで教育と称して済ませてしまっている会社もあります。

また教育はするものの、時間のある他の社員に任せきりにしてしまって、後は現場で覚えるものだと、ポンと独り立ちさせてしまうこともよくあるパターン。

そもそも教育自体がなされていないか、もしくはその内容がよろしくない。人を教えるのは、とても難しいことです。おそらく社長以外の人間、特に教育会社など外部の人間が先生役を任されていても、教える方も何を教えればいいのかという本質的なことをキチンと把握しているとは思えません。

さすがにそれでは、育ちようがないです。一歩引いて冷静に考えてみれば誰もが同じ感想を持つと思うのですが、日々の忙しさの中ではそのままになってしまうのでしょう。

そんないい加減なことしかしていなくて、「ウチはいつまでたっても社員が育たない！」と言われてもちょっと……です。会社のトップである経営者たるもの、もっと社員のことを考えて欲しい。遠回りに見えてもそれが自社の成長スピードを一番速くする要因なのですから。

私は、クライアントには「中小企業だからこそ、社長自身が社員教育をすべきだ」と言っています。**社長が社内でもっとも優秀な人材だからこそ、人材の教育は社長の大事な仕事です。**

教育の中で伝えるべきことは、中小企業であってもたくさんあるはずです。事務処理などの雑務よりも、自社の理念やビジョンをもっとしっかり伝えて欲しい。あるいは設計図に基づいた、マーケティングの仕組みと戦術もそうです。そうした会社の基盤を支える知識がたくさんあります。

社員教育をその観点から見直せば、教育担当者として適任なのは社長しかあり得ません。それほどのことをしっかりと教えられるのは社長しかいないはずですから。

それなのにこの部分を本当になおざりにしているケースが多すぎます。「そんな教育は大企業じゃなきゃできないよ」なんて平気でおっしゃる方もいますが、大きな誤解です。規模の大小にかかわらず、原石は磨かないと光らない。そう思って欲しいのです。

とはいえ、2億円企業の経営者に社員教育のために割ける時間はありません。なにせ自分自身が朝から晩まで営業や調整に駆けずり回らなくては現場がおかしくなります。

これはすべて構造的な問題。社長が営業の最前線に出ざるを得ないビジネスモデルであるがゆえに、人材の教育に割くべき時間が失われてしまう。その結果はいつまでたっても成長しない社員の姿。そして社員が成長しないがゆえに、またしても自分が頑張らなければならない……まさに負のスパイラル。

**こうして営業の現場と社員教育、すなわちマーケティングとマネジメントが深くリンクしているのが経営というもの。悪循環を断ち切るためにはどこかで大きな決断が必要です。**

会社を大きくしたいのなら、社長は部下の教育をすべきで、営業をしていてはいけないのです。

## 家族的なメンバーでいつまでも……は幻想にすぎない

2億円企業から10億円企業へ会社が大きくなっていく過程で、どうしても避けられない痛みがあります。それは、これまで苦労をともにしてきたメンバーが、新しく成長していこうとする会社に、あるいは経営者についてこられなくなることです。

これはある意味でやむを得ないことだと考えています。10億円企業への道をたどり始めると、これまで語ってきたように、相当の大変革が起こります。社員の感覚としては社名・屋号は同じでも、中身がもうすっかり変わってしまうことになります。極端に言えば、自社がよそに買収されてしまったような感じでしょう。あまりに会社そのものが変わってしまうと、自分としてはもうついて行けない、と思う人がやっぱり出てきてしまうのです。

基本的に人間には変化を嫌う性質があります。何とかやっていけているのなら、できるだけそのままでいたいと思うのが自然な感情。会社の規模が2億円でも10億円でも、社員一人ひとりの個人的な暮らしぶりはそうそう変わるものではありません。そうであるなら昔のままの職場環境で働き続けたいと思いがち。

しかし会社が大きく変わろうとしているときに変化を嫌っていては、お互いのベクトルはまるで正反対を向いていることになってしまいます。そんな素振りが見え隠れする社員をどう処遇するか。経営者の視点からすれば、ここが決断の時、なのです。

袂《たもと》を分かつことも時には必要です。未来を指し示すベクトルが違うのなら、それを理解し合った上で、別々の道を歩むのもひとつの正解。現実問題として、10億円企業になることを誓った会社からは、退職者が出てきます。

しかも変化を敏感に察知し、拒否反応を示すのは古参の社員がほとんど。創業以来の付き合いだったり、苦しかった頃を一緒に乗り越えた「戦友」であったりと、個人の人情としては非常に厳しいところ。2億円企業の社員数はだいたい4、5人ぐらいですから、1人が辞めることになってもインパクトは大きいです。

ただ、こうした過程を乗り越えないと、会社が生まれ変われないのもまた事実です。「社員が辞めることを恐れることはない」「個人事業から脱却しましょう」とクライアントの経営者にはいつもアドバイスをしています。

**経営のシステムが機能しだすときには、家族経営、同族経営の持つ文化がかえって障害になる。**そのギャップを乗り越えられるかどうか、で次のステップに駒を進めることができるかどうかが決まる、とも言えるのです。

しかしその決断を下せない社長もまた、多いのです。昔からの〝仲間〟と別れることができないでずるずると引っ張ってしまう。

人として……その気持ちは十分理解できます。ですがそのまま感情に流されてしまうと、新しく変わろうとしている会社の将来像を理解できずにいる古株の社員が依然として重要なポジションを占めてしまうことになります。

この状態は確実に会社の成長を邪魔します。ここでも過去の体験がブレーキになるのです。2億円規模であれば、仲良しクラブのような組織のあり方の方が都合が良かったというケースもあるでしょう。しかし10億円を視野に入れた経営においては、家族的な経営スタイルでは限界が来ます。

イタリアのブルネロクチネリのように、大きくなっても家族的な経営を維持している企業もありますが、例外中の例外と見るべきだと思います。あるいはそのために非常な努力をしているのでしょう。

10億円企業になることを決意し、そのために行動して初めて、個人事業あるいは家業であったものが、会社＝企業にシフトし始めるのかも知れません。個人事業や家業からステップアップした意味での企業経営においては、事業や業績の成長がまずは第一目標となるはずです。

**個人事業から企業への変革が始まったとき、社員に対する評価の仕方も大きく変わってきます**。会社がまだ家業であるときには、厳密な評価方法があることはほとんどありません。またその必要もなかったでしょう。

プロセス評価ということでもなく、単純に頑張っているから……というだけで、それなりにいい評価を下している。そんなパターンでしょう。

私はこんなやり方で社員を評価していられるのも家族的な経営の限界だと考えています。少々厳しい言い方をすれば、必要以上に社員に情がありすぎる。

ただ、それも仕方がないところはあるな、とも思います。というのは、社員の働きをキチンと判断するための基準を持っていないからです。基準がなければ評価のしようもありませんから。

ところが10億円企業になるためには、そういう曖昧な評価方法を残していたのではいろいろなところでボロが出てきます。社長をはじめとする全社員が共有する基準との整合性が問われることになってくるからです。頑張っているから、で評価が決まっているようでは社員の気持ちが離れてしまう。家業から脱却すると、社長の好き嫌いなどが評価基準になるなんてことはもうあり得なくなるはずです。

社員が増えてくる、10人を超えて、家族的な関係だけではなくなってくるというのは、要するにそういうことなのだと思いますし、社員が会社が変わったな、と感じるのは評価の仕方が以前と違い明確になってきたときです。

第4図

# 2億円企業からの決別

## 本当の「経営者」になれますか？

### 「社長の居場所」を大きく変えることがすべての始まり

どうでしょうか。2億円企業の仕組みを分解してみました。ここにいたるまでの成功要因はことごとく、と言っていいほど次のステップに上り成長を続けていく上ではブレーキになってしまうのです。創業間もない頃には最適だったマーケティングのやり方が足かせになり、社員数名の、家族的な組織であった頃にはまったく必要なかったマネジメントが、これからは否が応でも必要になってきます。

変革の鍵を握るのは、社長ただ1人です。対応を誤れば自分の意思と反して、アクセルを踏んだつもりがブレーキを全力で踏み込むことになってしまう。

2億円から10億円への変革をサポートする経営コンサルタントとして数多くの企業を見てきた中で本当に怖いな、と思うのは**社長自身がベストだと信じているやり方が最悪の手段になっているケースがあまりにも多いことです。**

ビジネスモデルを、すなわちマーケティングとマネジメントの仕組みをこれまでとまるっきり変えてしまわなければ、ブレーキになってしまうことに、今すぐに気がついてください。自社のビジネスモデルの設計図を描き直せるのは、経営者だけです。自分が考え、答えを見つけ出していくのです。それが社長の役割であり、仕事です。

そしてその変革は経営者自身の行動からすべてが始まります。

**まずは営業現場から離れてください。営業現場から離れ、ビジネスモデルを考え、会社を組み立て直すための時間が必要です。**この荒療治は、営業活動の片手間にできるものではありません。ここにはどれだけ時間を取っても取りすぎるということはないのです。戦闘するのは社員の仕事。自分は指揮官として戦場の全体と、自軍の将来のために戦略を考え、手を尽くすのです。

社長自身が日々戦闘し、営業を実質的に自分1人でやっている限り、2億円。一人芝居をやっている限り、すなわち他人に任せることを知らない限り、2億円です。また個人の力に寄りかかった営業の仕組みを根本的に変えてしまわない限り、やはり2億円止まり。2億円にしかならないやり方を一番の得意としているのが実は社長ですから、自ら営業現場から退出しない限り、変革は始まりません。

自分が営業してはいけない、ということがどれだけ大変なのかはよく分かっています。私がコンサルティングに訪れたクライアントには第一声としてこのことを言いますが、やはりかなりの抵抗、反発があります。

「そんなこと言って売上が下がったらどうするんですか」「自分じゃなきゃダメだ、ってお客さんが多いんだ……」。もう何度となく、聞いてきました。その不安もよく分かります。

確かに売上のほとんどを自分がつくっているのが現時点での真実ですから、それも当然です。

それが分かった上でなお私は続けます。「じゃあ、2億円のままでいいのですか？　いつまでも自分が先頭に立ってないとやっていけない会社のままでいいのですか？」と。

そんな質問の背後にあるのはこんな問いかけです。

**「一見会社、でも本当は個人事業主、という現在のビジネスモデルでこのまま経営を続けていきますか？　それとも名実ともに企業という組織になりますか？」**

私の問いに対して、「もっと会社を大きくしたい」「もっとたくさんのお客様とビジネスをしたい」と答える経営者がほとんどです（そういう方でなければ私のところへ相談に来られないでしょうけれども）。

私の問いかけと、それへの答え。表面上の理由はいろいろあると思うのですが、つまるところ、経営者としての志を聞いているのです。あるいはせっかく立ち上げた事業がお客様たちに分け与えてあげられる、その価値を小さいままにしておいていいのですか、ということかも知れません。

あくまでも判断するのは経営者です。何も大きくすることだけが経営の魅力ではないですから、何が何でも10億円にしろ、なんて言うつもりはまったくありません。

職人としての誇りを大事にされて、経営の規模を追わないでいらっしゃる方も大勢いますし、それが収入面を含めて、そして生き甲斐といったお金にならない部分を含めての個人としての幸せに結びついているパターンもたくさんあります。それは経営者としての決断です。どちらであろうとも、私はその決断を尊重します。

この決断は、経営者にとっては2番目の重要な決断になるのではないか、と思っています。起業するかどうか、すなわち経営者になる、というのが最初の決断だとしたら、2番目の決断は本当の会社をつくるかどうか、だと言えるでしょう。

本当の会社になるのなら、2億円という水準では不十分です。だからこそ、10億円という数字を目指すのです。そのくらいの規模にまで成長していけば、社会に対してインパクトを与え、あなただけにしかできない新しい価値観を市場や社会に向けて問いかけることが可能になってきます。それは社長にしか許されない、経営者という仕事だけが持つ面白さ、経営の醍醐味だと思うのです。

**決断、そして行動。それだけがあなたの会社を変えていきます。**
**さあ、気持ちは固まりましたか？**

これから先、本当の経営者としてのスキルを身に付けていこう、と決断された方。実は10億円企業までの距離は思ったよりも近いと感じられると思います。そう言い切る理由は、私からすでに一端をお見せした「10億円企業の設計図」を差し上げることができるからです。

基本図があるのですから、それを自社用にカスタマイズして詳細までをキチンと設計するだけ。すぐにやるべきことが明確に見えてきます。

後はやるだけ、です。自分自身が奮闘しなくてもキチンと仕事が回り、しかもお客様からもこれまで同様の、場合によってはそれ以上に感謝される会社になれる日がもうすぐやってきます。

会社を設計する、本当の経営者になる。次は、あなたの番です。

第3部

# 10億円企業の設計図 I

## マーケティング工場をつくる

社長1人でやってきたことを
みんなで分業する、のが基本です

さていよいよ10億円企業の設計図、ビジネスモデルがどんなものか、の話に入っていきます。マーケティングとマネジメント、2つの話があるのですが、マーケティングの話から始めたいと思います。どうしてかと言うと、マネジメントはお金を生んでくれないからです。まずは10億円に向けて業績をアップしていける体制、営業のモデルをしっかりと組んでいくことがスタートです。

**これからつくろうとしているマーケティングのモデルをひと言で言うなら、これまで社長1人がやっていたマーケティング、あるいは営業の仕組みを複数の担当で動けるようなモデルにする、ということになります。**

そのためには、マーケティングの仕組みを過程ごとに分解してみることが1番目の作業になります。と言いますのは、社長は優秀な営業マンなので、何でも自分1人でやってしまっているからです。それをそのまま部下に任せても、受け取った方としては何をどうしていいやらまったく分かりません。

社長であるあなたをはじめとする優秀な営業マンは、お客様から受けたオーダーや相談事への対応力が高い。自分ではそれと意識しないうちにいろんなことを考えて、そのまま行動していることがほとんどです。自社商品やサービスの微妙な組み合わせ、値段の調整、納期とのタイミング……などなど、本当にいろんな要素を短い時間で判断しているわけです。それはそれなりに豊富な経験があり、まさに経営者として全体を見ているからできることであって、社員にはおいそれとはできないレベルの高さです。

とはいえ、繰り返しになりますが、社長1人では限界がある。その限界を乗り越えるために、これまでは社長1人だけができていたマーケティングと営業のプロセスを社員（より正確に言えば社員＋会社）で分業できるようにしたい。そのための設計図を描き、仕組み化してしまいたい。

10億円企業のマーケティングは、おおよそ次の6ステップに「分解」できます。

(1) 商品づくり
(2) 店舗づくり(これは不要なケースもあります)
(3) 集客
(4) 営業
(5) 実制作
(6) アフターフォロー/クレーム処理

これだけのボリュームを今まで1人で切り回していたわけです。そして営業マンを雇ったら、自分がやってきたのと同じように、このステップのすべてを任せてしまうパターンを非常に多く見てきました。それが、大きな間違いなのです。

平均的な社員が持っている能力は社長の約30%だ、と言いました。それだけの能力、経験、スキルしかない状態では、すべてをこなすことなんてできるわけがない、と思いませんか? そうなのです、無理です。無理にもかかわらず、任せてきてしまったのです。育つ育たない、の前にこなすことがまずできません。

私はコンサルティングを始める際、このステップをまずは認識してもらいます。そしてその後にクライアントのマーケティングステップを詳細に分解し、組織と個人とで分業をしていく仕組みを組み立てていきます。

**分業ですから一人ひとりの社員が担当するのはこの流れの一部分だけ、になるようにプランニングします。**もちろん、パートごとの作業内容もキッチリと整理するのは当然です。「営業」という名前で括られてはいるものの、分かったようで実は分からなかった業務の具体的な内容を、誰にでも理解できて、かつ実施できるような作業に翻訳していきます。

また**それぞれのステップごとに、それは営業マン（社員）がやることなのか、会社（組織）がやることなのかをハッキリと分けます。**これが非常に大きな効果を生む仕掛けになります。マーケティングをより効率的にするコツです。

このポイントは分かりにくいので、少し丁寧に説明しましょう。マーケティングという大きな流れをいくつかのステップに分解してみると、個人としての社員がすべてをやる必要がないステップがあることが分かってきます。

例えば常識的に考えられているのと違って、個人が担当する必要がないのは「集客」のステップです。「え、お客様を捕まえてくるのは営業マンの役目では……」と思われているようですが、そうではありません。集客は組織の仕事になります。

ご自分が何かを買ったときの経験を思い出してください。初めてクルマを買ったときなどが典型的です。クルマを買うにいたったプロセスの「最初」に営業マンがいたことがあったでしょうか？　もっと具体的に質問すれば、営業マンが誰か、によって資料を取り寄せたりすることを決めたことがあったでしょうか？

答えはほとんどがＮＯ。買うか買わないかの判断をするとき（いわゆる商談時）や、買った後のアフターサービスのステップでは、営業マンが誰か、どんな対応をしてくれたかによって結果が大きく左右されます。しかし最初にちょっと欲しいかな、と思ったタイミングでは、営業マン個人の資質はさほど関係ないのです。広告や、ＴＶや新聞、ＳＮＳなどで商品が紹介されていたりして、商品自体の情報に反応していたのです。

つまり、マーケティングの流れにおけるスタートである集客、見込み客リスト集めは、営業マン個人がやるべき仕事ではありません。にもかかわらずそれを営業マン各自に押しつけてしまう社長が多すぎるのです。それは会社の仕事。リストを集めるのは会社の仕事なのです。

71ページで、2億円企業の顧客はそのほとんどが社長人脈だ、と言いました。つまり2億円企業は組織で集客するノウハウをあまり持っていないことが多いのが実情です。しかしスケールアップしていくためには、新しい顧客層を開拓していかなければならない。そのためのやり方は今までとは大きく変わってきます。まるで違う会社になってしまうのだ、と私が何度も言っている意味がお分かりでしょうか。

詳しくはこの後見ていきますが、10億円企業のマーケティングが持っているステップは、**組織がやるものと営業マン個人がやるもの、に分かれていきます。業種にもよるのですが、営業マンがスムースかつ効率よく業績を上げられるようにするために組織がサポートしていく、のが基本です。**個人と組織、まずはこの基本的な役割分担があることを確認してください。

もうひとつ、マーケティングを分業して業務化することのメリットがあります。それは代替可能、代わりがきく、ということです。ここでは集客の話をしてみましたが、個人の技に頼り切った形で営業の仕組みを組み立てていると、非常に不安定になってしまいます。集客まで取り仕切ってくれる優秀な営業マンがいたとしても、その人材が病気やケガで長期欠勤になってしまえば業績の基盤が急速に失われます。他社に移籍したり独立されてしまったりしたら元も子もありません。緊急事態だから、といって再び社長が登場していては、営業のシステムとしてはまったく成立していなかったことになってしまいます。

その点、分業するような仕組みのビジネスモデルが組まれていたら、たとえそんな事態が起きたとしても傷はそれほど深くはなりません。また他の人間がすぐにでも対応できるように設計してありますから、復旧も簡単です。少なくとも社長がまた先頭に立って……という悲惨な状況にはなりません。

平均すれば社長の30％の能力しか持たない社員でも仕事をこなせるようにしておくことが私の提唱しているビジネスモデルですから、こんなことは起こりません。**誰が担当していてもキチンとした集客が可能であり、利益が計算できる契約を確保できるようになるシ**

**ステムをつくれるか、が勝負です。**

10億円企業の経営者＝劇作家、でした。マーケティングという台本を書き、社員に演じてもらうのがあなたの仕事です。

第5図

# 商品設計

## マーケティングの原点は「一点突破」!

### 目標となる売上＝単価×客数を最初に決めてしまう

マーケティングの第一歩は、商品づくりです。営業マン向けの本であれば、この章は不要です。商品づくりは基本的に社長の仕事だと私は思うからです。

しかしこの本は経営者の方が読者であると想定していますから、商品をどうつくるのか、はできるだけ深くお伝えしたい内容の1つです。それから「ウチは販売代理店でメーカーさんがつくっている商材を売っているだけだから関係ないよ」と考えるのも間違いです。

商品を販売することに付随するような、目に見えないサービスも立派な「商品」です。直接お客様が手にする商材だけが商品、ではありません。

商品づくりと聞くと「何を売ろう？」と考えてしまうのですが、その前に、あるいはそれと同時に経営者が考えておかなければならないことがあります。

それは**経営の目標となる売上＝単価×客数**です。売上、はまだいい。この本の読者であれば現在2億円の売上を10億円にしたい……と漠然とではあっても数字が浮かんでくるでしょうから。欲しいのはその次。思い描いた売上数字を「単価」と「客数」とに分解した状態で目標値としたいのです。

**実際には単価にはバラツキがありますけれども、ベンチマークとなる単価、平均となる客単価と、客数をセットで考えてください。この数字を最初に決めているかどうか、がひとつの分かれ目です。**

基本的には平均客単価と客数は反比例の関係です。大まかに示せば113ページのような感じでしょう。この図を眺めながら、自社がどのあたりに来ればいいのか、をイメージしてください。このイメージがズバリ、経営の戦略を方向付けます。

ところが、迷ってしまう経営者がいらっしゃいます。「いろんな客層に買って欲しい」「高いものもあれば、安いものものもちゃんとある、というのがいいのではないか？」……この図の曲線全部にマルが付いてしまうようなパターンです。全然絞りきれない状況ですね。これが一番マズイ。二兎どころか、目に入ったウサギをすべて、追いかけてしまっています……もう絶対に捕まえられません。

**やや逆説的な言い方になりますが、中小企業、それも数億円の規模の企業があらゆる層を顧客として捕まえようとするのは無理です。すぐに容量オーバーになってしまいます。**今、私たちがやろうとしているのは10億円企業への最短距離を走り抜けることです。フルライン企業になることではありません。手を広げたくなる気持ちはよく分かるのですが、今は絞り込むべきタイミング。自社の売上の中核となる単価と、それに応じて必要となる客数を割り出してください。

**図02｜商品設計のコツ**

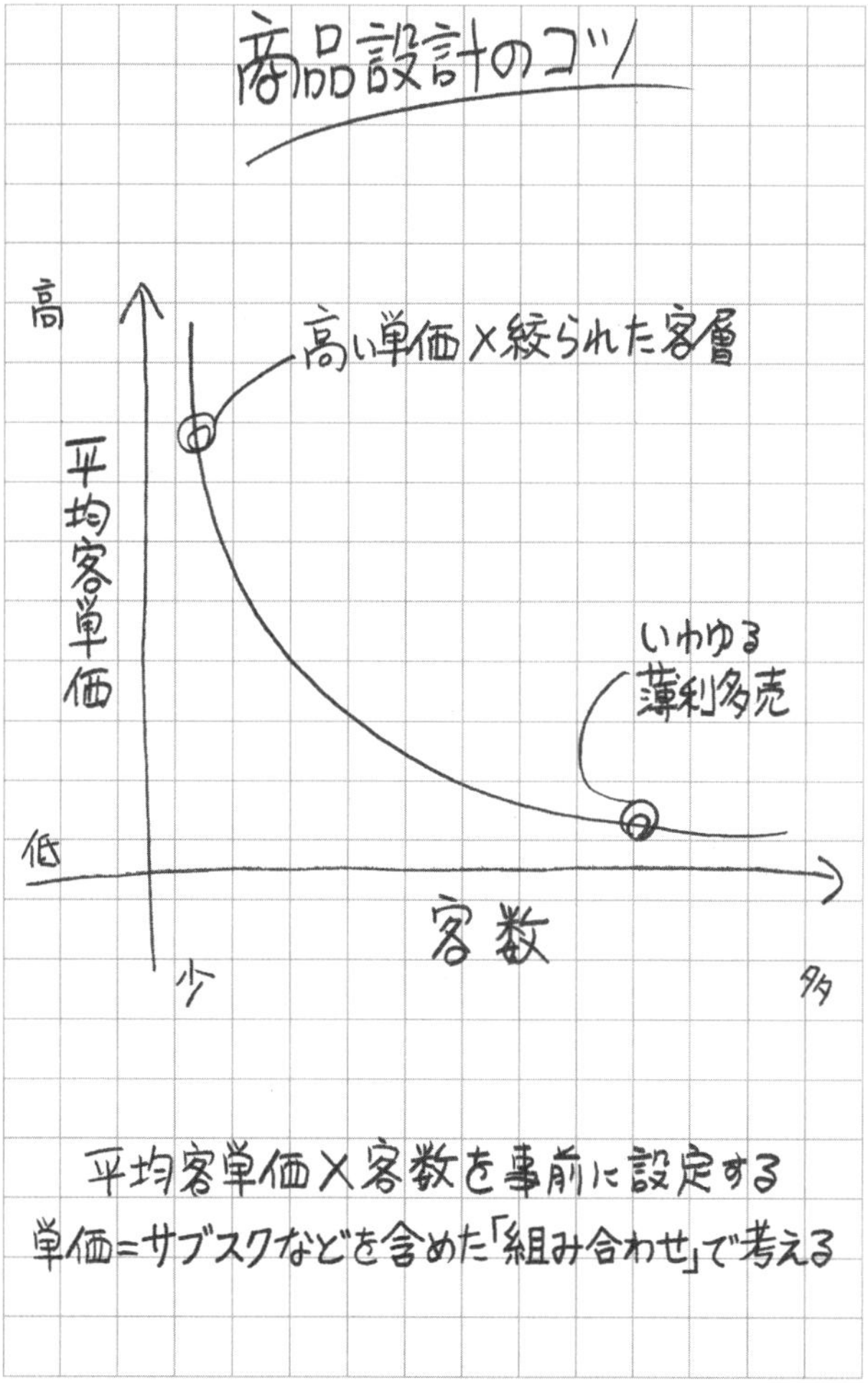
商品設計のコツ
高
平均客単価
低
高い単価×絞られた客層
いわゆる
薄利多売
客数
少
多
平均客単価×客数を事前に設定する
単価＝サブスクなどを含めた「組み合わせ」で考える

いきなり10億円、を目標にする必要はありません。ここで考えたいのは、必ず達成したい売上目標です。私はだいたい3年で10億円へ、というのをひとつの定番にしています。最初の1年は3億〜4億円ぐらいに設定することが多いです。自社の状況に合わせて、目標となる売上を決めていきます。

ちなみにやたらと高いところで単価設定をしてしまうと、パフォーマンスは最高に良くても後で苦労が待っています。業種が何であれ、単価が高い商品を売るためには、社員の営業スキルだったり、プランニング力だったり、あるいは技術的なレベルが高くなければなりません。社内スタッフが高いレベルにいなければならない。それが何を意味するかと言うと、人材集め、採用に苦労したり、育成に時間がかかったりします。あまり単価を上げてしまうと結局そういう問題が起こる。かといって下げすぎると今度は利益が出ない。経営的な側面から決めるべき問題なのです。

ちなみに社長はもともとが優秀な営業マンですから、比較的単価が高くなっています。ですから「自分と同じくらいは」と考えるのは危険です。何度も繰り返して恐縮ですが、社員は社長と同等ではありませんから、同じ単価の商品を売るだけの能力がないのが当たり前。最初は少し低めでスタートする、なども含めての単価の決定が必要です。

「単価×客数」の数式は業種によって本当にバラバラですが、仮に100万円×300人＝3億円、と置いてみましょうか。300人に買ってもらう、契約してもらうにはどうしたらいいのか、は集客と営業のパートで検討することにして、ここでは単価、すなわち商品のことをもっと深く見ていきます。

単価100万円、と出してみました。「1つ100万円もする商品？　宝石みたいなものじゃないと……」なんて焦ることはありません。**商品それぞれが高額である必要はなくて、要は組み合わせて100万円になればいいんですね。パッケージ、という考え方です。**

例えば建築・リフォーム関係なら建材（使用する素材）の価格帯は本当にピンキリですから、どのあたりの材料を中心にしていくか、を考えて、基本となるパッケージを4つか5つぐらい持っておく。

あるいはクラウドを使ったサブスクリプション課金によるデジタルサービスを提供する

会社であれば、基本単価が3万円だとしたら、12ヵ月分で36万円にしかなりませんが、サブスク導入前の診断、コンサルティング、追加サービスやメンテナンスまでを含めてパッケージにしてあげるような感覚です。

いずれにしても、納品したものだけが商品だと狭く捉えてしまうと失敗します。実際の商売、お客様とのやりとりの中に、商品化できるものがたくさんあります。もう一度、自社が今まで提供してきたアイテムを見直してみてください。ヒントが必ずあります。

戦略的な商品づくりにはこのようなベンチマーク、中心となる価格設定と必要となる客数の把握が欠かせません。このとき、**価格が先に決まっている、ことがポイントになります**。商品を一から考え直せ、とは言っていません。ベンチマークとなる価格に寄せていくために今扱っている商品をどうやって位置付けていくか、ということなのです。

もちろん、設定した価格になれば商品は何でもいい、などということは絶対にありません。あなたが自信を持ってお客様に紹介できて、買っていただけるものを売るべきです。

そんな商品（群）、サービスを選ぶことが、戦略的な商品づくりの第2のポイントになるのです。

## 欲しいのは一点突破できるオンリーワン商品

自社のメインとなる商品を選ぶとしたら、それは何なのか、を考えてみてください。多くの経営者は自社の商品ラインナップを拡げすぎる傾向があります。何でもできますのでぜひご用命ください……といったパターンです。

残念ながら、**ラインナップを拡げると、売上はしぼみます**。嘘みたいですがホントの話です。私が訪問したコンサルティング先でも、こんな話がよくありました。

その会社は建築系の会社だったのですが、社長の名刺を裏返してみると、業務内容が書いてある。リフォーム、新築、解体…と10個以上も書いてある。で年商は、とお聞きすると「2000万円です」。ならば10個ある業務項目1つ当たりの売上はどうなのか……ということです。

つまり、数ある業務内容のうち、ほとんどが仕事になっていないわけです。その社長さんも実質的にはお1人で営業も現場も切り回されていましたから、社長が最前線で戦闘している典型的なパターンでした。お話を伺っている限りでは、そんなに多くの営業品目があっても、すべてに通じているとはちょっと思えないなあ……と考えてしまいました。

実際にそうだったとのことで、結局は目の前の売上が欲しい一心でどんどん営業品目が増えていったというのが実情だったそうです。


であるなら1つに絞り込んだ方がぐっとしまってきます。それは専門家になる、ということ。その方がよりお客様からの信頼を得られます。

今月来月の売上が欲しいあまり窓口を拡げてしまうのが、社長の悪い癖です。その気持ちはよく分かるのですが、逆効果。自分がお客様のつもりになって素直に想像してみたらそうじゃありませんか？　社員が100人も200人もいるような会社であれば、それぞれに専門領域を持った担当者がいるのだろう、と思うでしょうけれども、目の前にいる1人が「何でもできます」では厳しいです。

## 私がお勧めするのは「一点突破、全面展開」。

企業としての成長に加速度を付けてくれるのは商品の絞り込み、一点に絞ることだ、と私は信じて疑いません。実際、私がお手伝いをしている企業の中でも成長を続けているところを見てみると、成長するに従ってますます業務内容を絞り込んでいます。絞れば絞るほど、業績はアップします。

今、どんなジャンルであっても商品の種類はとてつもなく膨大です。そのすべてを揃えることは不可能です。何にせよ、ある程度の数に絞られてきます。そのときに、仕入れ先が深く考えずにお勧めしてくるような基本パッケージ的なものにしてしまうのでは、よそ様とまったく一緒です。自社としての主張も何もない。お客様からすれば「どっちでもいい」会社です。そんなことにはなりたくないですよね？

実際、急成長を遂げている企業の商品には特色があります。それは経営者がどうしても譲れない一線があっての品揃えや、品質の水準です。売れるから、の品揃えではない。

**２億円の規模にまで成長してきただけあって、もともと「○○に強い」があるはずです。それをベースに考えていくのが基本形でしょう。**

商品として、どこに着目して絞ればいいのか？　これは一概には答えにくい質問です。実際のコンサルティングでは、クライアント先の商圏調査を綿密に行い、競合他社の強み／弱みと自社の強み／弱みを比較しながら決めていくことになります。

競合との比較はしっかり行うべきです。自社開発の商品がある場合はともかく、そうでない場合にどこで違いを出すかは、公平なお客様の視点で決める必要があります。

**ヒントとして言えるのは「地域オンリーワン」になれるかどうか、の視点。**

「地域」とは現在の商圏をイメージしてください。それほど広くはないはずです。ネット通販のように、扱っている商品・サービスのお届け先が半径何キロメートル、のように決められない場合も基本は同じです。その「地域」の中にいる競合他社が扱えない売り物は何か、を考えるのです。商品そのものに特長があってもいいし、アフターサービスまでを商品に含めて考えるやり方もあります。品質の無料保証も一時は大いにブームになりましたが、その線でもっと深めることができないか……などなど。

ただし、価格で勝負するのは難しいでしょうね。大手のパワーにはなかなか勝てないと思います。そして価格に反応されるお客様は非常に移り気です。もっと安いところが出てくればいとも簡単に鞍替えされることがほとんどですから、私としては（言い方は失礼ですが）あまり筋のいい客層ではない、と思います。あえてそんな方々を相手にしなくても、もっとあなたの商品や会社を信頼してくれる、かつ価格だけを重視しないようなお客様は思いのほか大勢いらっしゃいますから安心してください。**まずは進んで価格競争をしないことです**。

商品・サービスの価格をどうやって設定するか、についてはもう少しお話しすることがあります。変に「お客様第一」なんて考えてしまうと、ついついケースバイケースでお見積もりをさせていただきます、となるのですが、それはあまり得策ではありません。

コンサルティングに入って、実際に作業をしてみるとそうなのですが、その都度詳しく見積もって算出した結果の「最終的な販売価格」は、平均すればほぼ同じような金額に落ち着いてきます。それはリフォームやデジタル系のような形のないサービス系の商品であっても同じです。

だったらということで、**私は「定価」のような形で価格を最初からオープンにしてみるやり方にトライしてもらっています。**このやり方、経営者の方々はだいたい恐れます。その価格を見て問い合わせをしてこなくなるんじゃないか、合い見積もりをされた挙げ句によそに仕事が行ってしまうんじゃないか……そんなことを恐れて、価格を明示することを非常に避けたがります。

ところが……結果としては価格を明示した方が受注は増えます。少なくとも減るということはほとんどありません。理由はいくつかあると考えているのですが、お客様の立場にしてみれば、とにかく分かりやすい方が嬉しいのです。

微妙なところまで詰めた金額なんて最初は必要ありません。だいたいの目安が分かればいいのであって、そのためにわざわざ商談を重ねるなんて面倒くさいことです。価格のおおよそが分かっていれば、それだけ商談のスピードがアップします。また契約率も高くなる。ビジネスモデル、設計図としては効率的です。

そして、**価格で左右されるお客様を最初からリスト外にできるのも効果としては見逃せません。**

経営者は価格競争で負けるとお客様が逃げていく、と思いこんでいますが、そういうお客様は一部です。また多くの利益を自社にもたらしてはくれません。実は相手にしたくない層なんですね。そんな人たちが例えばホームページに出している価格を見て問い合わせをしてくれない、ということをもっと喜ぶべきです。自社の大事な社員の時間を使って対応したいのは、別の種類のお客様であるべきです。

## 平均客単価を設定して、顧客層を自ら絞り込む

さらに価格の最低ラインをある程度決定することによって、経営者として得られる大き

な効果がもうひとつあるのです。それは**商品の価格が決まれば年間の売上が決まる、ということ。この年間を見通した売上の数字を持っているかどうかでビジネスモデルの設計が大きく変わります**。要するに逆算ができるかどうか、がポイントになる。

具体的には「お客様1人当たりの平均単価」を設定することです。これをキチンとやっていない経営者がほとんどのように私は感じています。平均客単価が設定できれば、自動的に顧客層の絞り込みにつながっていきます。高いプライスゾーンでも買っていただける方々を相手にするのか、それともとにかく安さを求める人があなたの顧客なのか。

これは結果としてそうなる、では弱い。自らが積極的に顧客層を選び取るべきなのです。顧客層の違いは、そのまま品揃えに跳ね返ってきます。

例えば、広告の目玉になるような商品ひとつとっても違います。リフォーム業界などでよくある失敗は、世帯年収1000万円ぐらいのお客様を獲得したい、と考えているにもかかわらず、例えば地域ナンバーワンの安値、1平方メートル当たり780円などの「量産品クロス（一般的には賃貸住宅などで使われる壁紙）の張替え」などを目玉商品にしてしまうケース。

私はこういった商品を集客商品と呼んでいます（フロントエンド商品、とも言います）。集客のための商品ですから、価格はお買い得である必要がある。場合によっては赤字覚悟にもなります。集客商品の価格の設定自体はそれで構わないのですが、肝心の商品の選定を間違えてしまっていることが多いのです。**このケースならば、780円という価格設定ではなくて、商品を「量産品クロスの張替え」にしてしまったことが間違い。**「量産品クロスの張替え」ではなく、「珪藻土《けいそうど》塗り」や「造りつけ家具」などを集客商品として打ち出すべきです。

ちょっと考えてみればうなずける話なのですが、平均的な商材で、かつ価格訴求を前面に打ち出している「量産品クロスの張替え780円」に飛びついてくるお客様の世帯年収は1000万円、でしょうか？　違います。「量産品クロスの張替え」が欲しい、という方はすでに狙いたい客層から外れているのです。商圏内での最低価格は集客のための商品だったはずなのに、量産品を選んでしまっては、本当に集めたいお客様はやってきません。

**高額所得層を狙っているのなら、最終的に獲得したい売上金額は少なくとも100万円以上のはず。であるなら「珪藻土」や「造りつけ家具」のように、高額所得層が必要としているもの、あるいはその後の売上につながっていくタイプの商品を目玉にしていくべきなのです。**

確かに価格も大事な要素ではありますが、それよりも商品選びの方がずっと大切です。そして品揃え（サービス揃え）は、獲得したい平均客単価＝顧客層によって、最初のとっかかりとなる集客商品から大きく変わってくるわけです。住宅関連であれば、建材・素材の価格帯は本当にさまざまですから、どこを中心に品揃えをしていくかがとても明確に見えてきます。もちろん、カタチのないサービス系商品でも構造は同じです。

商品づくり、は実は非常に計算が必要なパート。自社を支えてくれる顧客を絞り、その顧客に喜んでもらえる商品・サービスをつくる（そして改善し続ける）仕事です。

これほど重要なことを社員に任せておくわけにはいきません。まさに経営者の仕事なのです。

第6図

# 店舗設計

## プレゼンテーションという視点を持つ！

### 立地選びには戦略的な判断が必要となる

次はお店の話をしましょう。いわゆる内装設計の話ではありません。マーケティングのサイクルの一環として店舗が担う役割、がこの章のテーマです。

リアルな店舗を例にとりながら話を進めていきます。業態によってはインターネットやSNSの中で完結してしまう会社もあるでしょうが、それは自社の場合を想定してみてください。またB to Bのような会社でも同じです。相手がビジネスマンであっても、商談する場所は言ってみれば店舗ですから。

**店舗を構える、となればまずは立地です。ついつい坪数、賃料といった建物そのもの、あるいはハコとしての条件が先に来てしまいがちですが、それと同じくらい、あるいはそれ以上に重要だと私は思っています。**

だいたいの場合、商圏とする「地域」の中にある、自分たちがやりたいと思っているビジネスと重なる「地域」、が分かっていることが多いです。

商品づくりを考えたときに設定したベンチマークとなる顧客層が暮らしている、あるいはSNS上で動いている「地域」であるとか。配達があるような商売であればもう当然ですし、建築関係でも似たようなことがあります。

どこの街でも、あるいはデジタル空間の中でも、職業や所得の水準によって〝住む地域〟が分かれていたりしますから、商圏としてはある程度の面積をカバーしていても、拠点となる「地域」としての善し悪しがあります。

実際問題としては、狙っている〝立地〟にすでに競合他社が出店していたり、資金面などの事情で今の場所から移れなかったり、ということもままあります。しかし、今がそれほど良い〝立地〟ではないと判断したら、「店舗を移動しませんか」と必ずアドバイスしています。新規出店を考えている場合は絶対です。できる限り諦めないで理想に近い場所を探していく努力が必要。リアル、デジタルを含めた〝不動産屋さん〟の言うことを丸飲みしていてはダメです。

余談ですが、土地とか建物は具体的に目に見えますので、クライアントの経営者もイメージがしやすいですし、一家言お持ちの方もいらっしゃいますから、結構激論を交わしたりもします。それだけ重要なのだ、と思ってください。

また、店舗として使用することを考えると、いろいろと条件が出てきます。坪数、賃料は当然として、地域周辺の環境、駐車場の有無や広さ、看板の設置可能状況なども大事です。建物や地区によっては外観の変更がきかない場合があります。特徴のあるファサードは許可されない、など。内部の改装に制約がある物件も多くなってきました。こうした条件、デジタル空間なら言い方は変わるでしょうが、本質は変わりません。

特に観光地などで街の景観を資産のように扱っている地区は要注意です。看板の色まで制限されたりします。例えば、京都市などはかなり真剣に取り組んでいます。そういった情報もしっかり入手しておきたい。

その他にもクルマや人の通行量調査、近辺にある駅の乗降客数のデータなど、その物件を判断するのに参考にできる情報はたくさんあります。業種によっての適性度もある程度数字で把握できますから使わない手はありません。

とはいえ、リアルな物件にしても、デジタルな空間にしても、Sランクの場所を確保することはほとんど難しいのが現実です。たいていはAとBの間くらい。ただ、〝立地〟は重要ですがマーケティングのシステム全体の方がもっと重要ですから、AかBクラスの上ぐらいであれば十分だ、とは思っています。そもそも考えている条件を100％満たしてくれる物件はまずないでしょう。**その土地、建物などに足を運んでみて、「これでもやれる」と自信があればBランクでも大丈夫です。**

ただ、必ず社長自ら〝現地〟を見ることは必要だと思います。大企業で店舗が1000店あるんだ、というならともかく。私も一緒に〝現地〟まで物件をチェックしに行きます。

やはりデータや写真だけでは分からないことがあります。最終的にはライブ感覚も大事にしながら（時には妥協もしながら）決定を下していきます。

## 商談をサポートするツール、としての店舗

私は店舗を「商品を売る場所」としてだけではなく、「社員の商談、プレゼンテーションをサポートする機能を持つ場所」だと考えています。売上10億円を目指す企業にとって、店舗での主役、はもはや社長ではありません。

リフォーム会社であれば、店舗が「施工サンプル」そのものです。当然、入って来たお客様は「ここはこういうリフォームができるのか」と思うわけですから。反対に「このレベルの仕上げしかできないのか」と感じさせてしまったら、それまでです。ですから「さすが」と思っていただける、高いレベルでの空間をつくっています。

リアル店舗を持つ必要がない業種であれば、多くのお客様が最初に訪れるのはホームペ

ージなどになります。その出来具合の善し悪しもまた「サンプル」です。

けれども私がつくるようにアドバイスしているのは、いわゆるショールームや展示場ではありません。一番の軸として考えているのは、そこが商談の場であるということ。商談の場、とは受注する場所でもあります。営業マンがクロージングを行うところです。何もない会議室やお客様のご自宅ではなく、自社の店舗で行うことによって契約率を高めたり、お客様の期待度、満足度を高めたりすることが店舗の役割、と位置付けています。

演劇で言うなら舞台美術だけにとどまらず、大道具、さらには俳優が使う小道具までをカバーして、芝居を一層面白くする役割です。

見るだけではなく体感できるコーナーを設けることで、自社の特長を直接身体で理解してもらうのが目的になります。

過去に、リフォーム業を営むクライアントで成功したのは、炭の効果を実感できるプレゼンテーションコーナーを店内に設けたケースです。電子機器類からは電磁波が出ていたりするのですが、炭にはそれを緩和する効果がある。壁の中、床下に入れて売り出していこういうのが狙いでした。しかし、炭が効くんですよ、なんて営業マンの話だけじゃ全然信用できないだろう……ということで、自社の営業マンに炭の入った袋を用意させておいて、その話のすぐ後に自分の携帯電話を包んでしまう。アンテナのサインが3本立っている状態で、です。

それからお客様の電話をわざと借りて、包んでしまった電話にかけてみる。聞こえてくるのは「今、おかけになった電話は電波の届かない場所にあるか……」のアナウンス。電話そのものは目の前の袋に入っているのですが、かからない。ほとんど手品みたいですが、そんな演出で炭の効果を体感してもらうとテキメンです。「へえ、知らなかった……炭って電磁波をシャットアウトするんですね」。お客様から言葉が出てきます。

企画会社ならば、プレゼンテーション用の会議室をしっかりとつくり込んでおく。大画面ディスプレイや、もっと大きなサイズのスクリーンとプロジェクタをあらかじめ設備として用意しておきます。

中小企業がやるプレゼンテーションは、企画書をそのまま読んで済ませてしまうような方法がまだまだ一般的です。その中で、壁一面をフルに使ってカラフルなプレゼンテーションを見せられたら、相当の迫力があります。今なら、動画によるプレゼンテーションも活用できるでしょう。

こんな演出が新入社員でもスムースにできるような「プレゼン・キット」（と私は名付けています）をお店のあちらこちらに仕掛けておく。休日などにはお店のあちらこちらで驚きの声が上がっているような、そんな店舗があったらいいと思いませんか？　現実に、こうした工夫を凝らした店舗では、高い業績を上げることができます。

視点を変えてみると、**ベテラン営業マンが編み出した必殺の説明トークを新入社員でもそれなりにこなせるようなサポートを会社がしてあげる、という仕組みになっている**ことがお分かりになるでしょうか。

同じようなやり方は後述の「営業設計」のところでも出てくるのですが、こうしたサポートをすることの必要性、やることで得られる効果を知っている人は少ない。今までやったことも見たこともなかったのですから当然なのですが。

現実の店舗を例にとってきましたが、ネット上の店舗でも同じことが言えますし、展開可能です。形態がどんなものであっても、お店とはプレゼンテーションをフォローするための場所なのです。

こうしたサポートは、会社、経営者の仕事です。**社員がお客様の前で精一杯演技ができるような環境を仕込んでおくことが大事です。**

社長であれば、特にツールやサンプルがなくてもOKをもらえるでしょうが、それほどの実力を持っていない社員にそこまで期待することはできません。その分をサポートするのが経営者の仕事になるわけです。

最後に店舗まわりでの注意点を1つだけ。楽しいプレゼンテーションをつくり上げるのが店舗づくりの要点であり、目標になりますが、同様に気をつけたいところもあります。**例えばトイレのクリーンネス。飲食業であれば言うまでもないことですが、小売業をはじめとして、どんなお店でも気をつけたい点です。**

お客様はお店の種類など関係なく比較をします。「ウチはレストランじゃないから」なんて思っていても、しっかりチェックされてしまっているのです。

こういうことも仕組みの問題。掃除を定期的にやることが完全に習慣化されているかどうかの問題ですから、きっちりやるべきだと思います。

第7図

# 集客設計

## 安定した反響数をコントロールする！

### 集客するにあたって手法論の前に決めておくべきこと

見込み客をどうやって集めるか、が集客になるわけですが、このジャンルに関してはあふれるほどの情報が行き渡っています。書店に行けば、このテーマだけで棚の1つぐらいが埋まっていますし、インターネットの世界でもいろんなテクニックがあふれています。手法もさまざま。チラシや新聞など従来の広告手法から、パブリシティ（新聞などで記事にしてもらうこと）に注目したもの、SNSやメルマガを使った広告手法も当たり前になりました。

でも、と私は言いたい。そうした情報に飛びつく前に考えておかなければならないことがあるんですよ、と。集客そのものは、それほど難しいことではありません。だからこそ、考えておかないといけないことがあります。

**手法論よりも先に、何人集客すべきなのか、を決めてしまうことがとても大事。集客についてのゴールイメージをしっかりと持つことです。**

ここを押さえているのが戦略を持った経営者です。まずはトータルで必要になる集客数。平均客単価と必要な客数が割り出されていれば、見えているはずです。

次にはその内訳も設計しておくべきです。新規／リピート／紹介。その割合がどうなるべきなのか？　2億円から10億円へ、を考えているのであれば当然新規顧客が大きく伸びていかないと困りますから、ここは当然狙っていくところです。

それからもうひとつ条件として注意しておきたいのが歩留まり。集客してから購買・契約に落ち着くまでの歩留まりについては検討する必要があります。また社長が自分で現場に出て行く場合よりは歩留まりは悪くなるのが普通ですから、その分も計算に入れておく。

ところが、こうしたゴールイメージをまったく持たずに、いきなり手法論に走ってしまう経営者が多いのです。SNS広告とチラシ、どっちが多く集客できるか、だけに興味や関心が行ってしまうタイプの方です。

そうではなくて、自社が必要とする集客数をしっかり把握して欲しいのです。そしてその集客数を現実のものにするためにどうするか、を考えていくべき。極端な話、設定した以上にお客様が集まってしまっても困ります。自社にはそれだけの数を捌《さば》けるだけの営業マンもスタッフもいないわけですから。たまに、ブームに乗ろうとして仕入れを急に増やしても結局乗り遅れて在庫の山を抱えてしまった、あわてて工場を増築しても後の祭りだった……なんて話を聞きますが、それとまったく同じことです。

周りがどうであろうと、それに振り回されてはダメです。しっかりと目標を持ってください。

## 継続的にコントロールできる集客手法を選ぶ

自社の集客戦略が固まってきたら、次はいよいよ具体的な集客の手法をどうしようか、と考えます。まず戦略があって、その次に戦術です。クライアントの経営者がみなさん強く実感されていることですが、戦略を持っていると、その次にどんな戦術を取ればいいのか、を選択することがとても楽になります。

戦術の話となると、すぐにコストパフォーマンス比較になってしまいがちですが、この本では、集客の方法を選択するときの、私が確信している法則をお教えしましょう。どうしてなのか、他の本にはほとんど載っていない考え方です。

**私は継続的に、安定的にお客様を集めることのできる方法を選択します。**

業績が順調に伸びていかない企業は、この法則を知らない。広告を思いつきのように1回だけ打って、その後しばらく打たない（打てない？）とか、チラシを商圏全部にばら撒《ま》くとか、私から見れば無駄な、もったいないやり方をどうしてもされてしまうようです。

そんなやり方をしていると現場がどうなるかを想像してみてください。チラシを撒いた週だけは問い合わせが多くて猫の手も借りたいけれども、翌週は暇を持てあましてしまう。別の言い方をすると、業務量にものすごく大きな波があって、まったく安定していかない。「仕事がなくなってきたから、そろそろ広告でも打とうか……」、ホントにそんなノリです。御社の現状と照らし合わせて、もしちょっとでも当てはまるようなら危険信号。すぐにでも手を打つべきでしょう。

もちろん自社の資金的な、それから営業マンの人数などの業務量的な体力を勘案しながらですが、集客施策を実行する頻度を高めにキープしていくのが私の鉄則です。10億円を目指す企業であれば、現状を把握しながらも新規のお客様の集まり具合（反響）を調整していく、コントロールしていくようなやり方です。

例えばチラシひとつとっても、一度に商圏全部に撒く必要なんてありません。おそらく広告代理店の営業さんは「一気に撒いて、知名度を上げていきましょう」「まとめてやった方がコストパフォーマンスがいいですよ」なんて言っているのでしょうけれども……。

それよりも頻度を重視すべきだと考えています。これは実績からも言えますね。派手なやり方は確かに目立つようにも思えますが、経営者の視点＝業務の安定化、からすれば、毎週ほぼ一定の反響が計算できる方がよっぽどありがたいはずです。

リフォーム会社なら基本的には毎週。営業マンが6人だったとしたら、10万枚を2回、あるいは1回当たりは5万枚にしてみたりと変化をつけますし、配布エリアにしても、4週を使って全商圏をカバーしていくことにしたり、自社の勝率が高い地域を必ず含めたりするなどプランニングする。

あるいは毎月1回のセールに焦点を絞ってダイレクトメールを送ってみるなど。頻度のコントロール度合いは業種によっても違いますから、ここで明確な数字としては出せないのですが、考え方は分かっていただけたでしょうか？

**「業務量はお客様が発注してくるものだから、コントロールしようとしてもできない」と思いこんでいるケースが多いようですが、現実は違います。そして業務量コントロールの鍵を握っているのが集客なのです。**

ちなみにコントロールした結果としての業務量の目安ですが、すでに働いている社員一人ひとりが成長しつつ、さらに新規採用で人数も増えていって、の2つが同時並行で発生しながら会社が大きくなっていくのが実態ですから、集客をコントロールする社長は、やや容量オーバー気味になるくらいを目標にやっていく。社員に110〜120%ぐらいの仕事量をあてがっていくのです。必死になってそれをこなしていれば、数ヵ月もたつと大きく成長していきます。

ビジネスモデル発想がなく、戦術的なところから入ってしまうと、広告の文言がどうしたこうした、といった細かい話に終始してしまいがちです。もちろん反響が得られない広告は意味がありませんから、大事は大事です。

私もそこで評価されることは分かっていますから、中小企業に強いコンサルタントとして反響を呼べる広告原稿をすぐにつくれるスキルは持っています。それは大事だけれどもあくまで戦術でしかなくて、もっと高い視点で想定しておくべきことがあるということです。

実現力のある「戦略」とはこういうことなのです。別に海外で勉強する必要もありませんし、難しい本を読めば分かるものでもないと私は思っています。自社の現在の状況と、3年先、あるいは今年1年のゴールイメージが描けていれば大丈夫です。扱う数字も電卓とか暗算レベル。それほど難しいものではありません。

どうして難しく思えるのか、というのはおそらく「やったことがないから」だけが理由です。一度やってみればだいたいの感じはつかめるし、2回3回と積み重ねていけば、もっとコツが分かってくる。所詮（と言うと専門家の方には悪いのですが）そんなことでしかない。中小企業の経営者でも十二分に使っていけるものだと思います。

## 集客ツールを頼むなら、本当のプロフェッショナルに

集客ツールのキャッチコピーはこう書け！　のような戦術論はこの本のテーマではありませんから他書に譲りますが、ツールをつくるときの注意点を少しだけ。

「キャッチコピーは社長が考えろ」と指導されるコンサルタントもいらっしゃいますが、私は集客ツールづくりをアウトソーシング（外部委託）すること自体には反対はしていません。広告作成のアウトソーシングを業務として受けていますし、ここは人に頼んでもいい。ただ、**頼むのなら、本当のプロフェッショナルに依頼すべきです。**

ありますよ、印刷会社や広告代理店に適当なことを言っておいて「後は頼むわ」みたいなケース。そんなことで、いい集客ツールができるわけがありません。

もうひとつの典型的にまずいパターンは、メーカーさん、本社さんが販売店支援のために用意してくれるフォーマット型の原稿を疑いなくそのまま使ってしまうこと。メーカー

支給の素材を実際に制作されているデザイナーさん、コピーライターさんも一生懸命やってはいるのでしょうけれども、まず100%これはハズします。中途半端に楽をしようとすると、やはり失敗するようです。

アウトソーシングすることと、丸投げすることとは違います。私も「広告ひとつに魂を込めろ」とは言っています。ただ自分で鉛筆を舐め舐め、即席コピーライターになる必要はないと思います。そのあたりはプロフェッショナルに任せてもいいでしょう。

たとえチラシ1枚でも、面積の小さなSNS広告であっても、本当のプロフェッショナルは徹底的に質問してきます。誰を集客したいのか、人数がどのくらい集まったら成功なのか、御社の売りは何なのか、その売りをお客様はどう評価してくれているのか……しつこいです。

そこまでして質問攻めにする理由は、広告といえども企業の経営戦略、マーケティング戦略を象徴するアウトプットになるからです。要は自社の戦略を聞かれている。集客の戦略はもちろんですけれども、商品づくりへのこだわり(これも戦略です)、ひいては将来どんな企業になりたいのかまで、経営者が何を考え、何を想定して行動しているか、といったことも含まれているのです。

最初にキチンとした設計図が引けていれば、根掘り葉掘り聞かれても、それほどまごつかずに受け答えができます。私がコンサルティングをしている際には、こうした具体的なツールの話をしていく過程で、経営者の頭の中にあった将来像・理想像が明確になってきたりすることもよくあります。

いずれにせよ、最終的に発信される広告にも、戦略＝ビジネスモデル＝設計図が自然と反映されてきます。

「私たちに真剣にご相談ください」と広告に書いてあれば、真剣な人たちから反響が来ます。その反響、すなわちお客様のご要望にキチンと対応できる仕組みになっているのか……ということが次に問われる。相談窓口の社員が相談に必要な資格を持っているのか、十分な実績を積んだ人間が真摯に応対できるようになっているのか、過去の事例をすぐにご覧いただけるようにデータがファイリングされているのか……。**マーケティングは一連**

**の流れですから、集客のときだけ調子のいいことを言っても、すぐに見抜かれてしまいます。**

私が「広告ひとつに魂を込めろ」と何度も言うのはそういうこと。また最初に戦略ありき、ビジネスモデルの設計図ありき、と言うのも同じことです。すべてが本当にいろんな部分で細かくリンクしています。

そういう流れとは関係なく、〝当たりの広告〟がポンとできてしまうこともたまにはありますが、それだけでは続きません。それこそブームで終わってしまいます。

集客の仕組みをつくることも、やはり社長の仕事になってきます。たかが広告ひとつ、と簡単に捉えてしまっている経営者も多いのですが、簡単そうに見えて、その背後でビジネスモデルと深く関係があるアウトプットです。

**最終的な表現や、お客様の目を引くためのアイデアだけではなく、マーケティングや経営とリンクする「流れ」を意識してください。**それが10億円企業に求められる集客の技術です。

# 第8図

# 営業設計

## 個人技に頼らなくても売上はつくれる!

### 営業マン個人の力に頼らない仕組みをつくる

自分の腕一本で売上をつくってきた経営者にとって、営業のやり方を仕組みにするのは難しいようです。暗黙知と言うのですが、これまでの経験の中で培ってきたスキルやノウハウがもう血となり肉となってしまっていて、改めて誰かに伝えたり教えたりしようとしても、何をどうすればいいのかが、かえって分からなくなってしまっている。

3年で10億円、なんてことを言い出してしまうと、本当に社長が営業なんてやっていられませんから、必然的に営業活動を１００％、社員に移していくことになります。

移すにあたっての原則をもう一度。「平均すれば社員は社長の30％程度しか仕事ができません」でした。となると、いるかどうかもまったく分からない凄腕営業マンを探して時間を浪費するよりも、30％の能力でも何とかなる営業、セールスの仕組みをつくった方が１００倍速い。

３年で10億円、というタイムスパンでの成長を可能にするのが私のビジネスモデル。その実現のためには超・優秀な人財を必ずしも必要とはしていません。むしろ優秀な人間が社長１人しかいなくても10億円の会社をつくるためには何が必要なのかを考えたモデルです。

さらに私は**「個々の営業マンのセールスパワーをアップさせるのではなく、もともとセールススキルの低い営業マンでも売れるための仕組みをつくりましょう」**と言っています。極論ですが、どこの誰が明日から御社の営業マンになっても大丈夫なくらいの仕組みをつくってしまいたいのです。

ぐんぐん伸びていく会社であれば、それに比例して営業マンの数を増やさなければやっていけなくなります。そして営業マンの数を増やそうとするほど、今度は反対に応募者のレベルが下がります。本当はどうかな……と思うレベルの営業マンでも、急成長しているときには雇わざるを得ない、その方がマシだという段階がやって来ます。

そんなときに会社として備えている営業の仕組み、設計の〝思想〟が大事になってきます。低いレベルの営業マンでも契約を取れるような仕組みを、最初から考えてつくっておけばそれで済む話です。10億円は行こう、と夢見ている経営者なら、そんな将来までも織り込んで、最初から計画を立てておくべき。損は絶対にありません。スキルの低い営業マンを想定してつくったからといって、優秀な営業マンに合わないことはありません。むしろその方が使いやすさがアップしていますから、余計に業績が上がると思ってください。

つまり「誰でも売れる仕組み」をつくるのが、社長の仕事になります。ここで言っている仕組みとは、営業マンがセールスしやすい環境を整えてあげること。そういう意味での営業力強化です。強化のための施策を大きく分類すると、

（1）営業マンが使うツール類をキチンとつくり込む
（2）教育、研修に時間を割く

の2つに集約されます。先にあげた店舗づくり、プレゼンテーションの演出などは、（1）のツールの1つ、と考えることもできます。

こういうことを着実に準備できていると、入社当時は頼りなかった営業マンが、いつの間にか自信にあふれた態度で堂々とセールスに向かっていく姿を目にすることになります。早いところでは3ヵ月ぐらいでそこまで育つ人もちらほらいます。

そこまで育てば一人前でしょう。ヘッドハンティングしてくるよりも、自分で育てた方がスピードとしては速い、と確信しています。**最初から個人の力に頼るのではなく、個人の力を伸ばして育てる、というのが私の考え方でもあります。**

また、営業の部分を設計図としてつくっていくことで、会社にとっても大きな変化が生まれます。ひと言で言ってしまうと「個人事業から企業への変革」が起こります。営業マンが増えていく過程は客数が増えていく過程でもあります。どうなるかと言うと、社長が見たことも会ったこともない人が自社のお客様になってくるのです。

社長自身が先頭に立って営業をやっている時代には、そんなことはほぼあり得ないわけです。自分の手の平に収まる感じで、お客様の顔が見えていた。もちろん会社の顧客ですが、感覚的には〝自分の顧客〟。だから大事にもするし、ケアもする。ところが10億円企業になったらそれはもう無理です。お客様の方だって、社長の顔なんて知らなくても商品が買えてしまう。また感謝するのは窓口になってくれた営業マンになりますから、お客様との関係がガラリと変わってきます。

そうなるからこそ、ツールをしっかりとつくっておきたいと私は思います。**社長が営業していた頃に必ず説明をしていたこだわりの部分は、規模が大きくなろうときっちりとプレゼンテーションして欲しい。そのこだわりがなければ自社のブランドが育っていきません。**営業マンはある意味で社長の分身。現場の営業マンには、自分に成り代わってお客様からの信頼を勝ち取ってもらうのです。

よくできたツールには、それが可能です。そのツールを使って営業していると、自然に社長みたいになってしまう、という感じ。営業マンに求めるのが売上の数字だけでは、これからは厳しい。社長の意志を伝達してくれる、そんな伝道師みたいな役割を果たしていくべきだと思っています。

スキル的には30％。そんな状況で個人に頼らない、でも社長自らの営業トークに瓜二つ……それを両立させていくような仕組みをつくるのです。その果実は、2つ。売上のアップと、自社のブランド化です。

## 社長の必殺トークを「外出し」する

営業マンを支援するツールはいろいろ考えられますし、以前に書いた『営業引力の法則』（徳間書店）にもいくつか紹介していますから、詳しくはそちらをご覧いただくとして、ここでは代表的なツールである「アプローチブック」を採り上げます。

私のコンサルティング先では、営業マン必携ツールとしてアプローチブックを活用し、高い効果を上げているケースが多くなっています。

アプローチブックは、豪勢な印刷物ではありません。文房具店で普通に売っているようなポケットファイルを使っていることもありますし、社員の方が手製の表紙をつくる場合もあります。きれいに印刷された冊子があれば商談がうまくいく、なんていうことはもう考えられない時代です。大事なのは中身ですから。

**アプローチブックは自社の企業理念からスタートします**。企業理念というのは自社がお客様と交わす約束、とでも言いましょうか。あるいは、会社創業の志《こころざし》。格調高くなくても構いません。欲しいのは真実。本当のことが書いてあればいいのです。

それを読んで、商談相手のお客様から「なるほど」と思ってもらうことが実は最初の勝負です。企業ですから理念そのものを売っているわけではなくて最後は商品・サービスを買っていただくことになりますが、その背後にある思いが伝えられれば、同じ商品であってもお客様の理解度、共感度が大きくアップします。

「人間ができるだけ自然に生きられる環境をつくりたい」という理念を最初に聞いていれば「どうして珪藻土にそこまでこだわっているのか」が理解できる。最初に「ウチは珪藻土がたくさんありまして……」で始めてしまうと「それって儲かるからそう勧めているの？」とあらぬ誤解を生んだりすることもあるのです。

その他にも社員の行動規範をきちっと決めている会社でしたら、それを先に説明してもらいます。**要するに、商品の前にそれを売っている会社と人間そのものを説明してしまうのです。商品説明はその後で十分。商談の説得力が変わってきます。**

アプローチブックの大事な要素は他にもあります。例えばＦＡＱ（よく聞かれる質問と答え）のページは重視しています。このページには、商談の中で聞かれることを本当に網羅して載せてしまう。もうそれを読めば、聞くことがないぐらいまで情報を先出ししてしまうのがポイント。

ＦＡＱのページは現場の営業マンにヒアリングしながらつくっていきますが、結局のところ、お客様が不安に感じたり、疑問に思ったりするところはほとんど一緒で変わらないことが分かってきます。であれば、それを最初から情報開示してしまうのが私のスタイル。お客様の疑問をしっかりと文章化しておくことで、回答が営業マンによってバラバラになることもありませんし、お客様も確認しやすくなります。

経験が少ない営業マンであっても商談を進められる、お客様の疑問もその場で解決できるようなツールを持たせることでサポートしていくのです。ここまで環境を整えてあげれば、新人でも1人でお客様のもとへ向かうことができるようになります。

また能力のある営業マンなら、ツールを活用することで時間を節約し、余った時間でお客様とさらに深いコミュニケーションをとることができるでしょう。新人からベテランまで、誰もが有効に使えるツールです。

これは社長が今まで行っていた商談やセールストーク、お客様とのやりとりを文章にするだけではなく、絵や図解にすることでもあります。いわば社長が築きあげてきた必殺トークの「外出し」。**暗黙知のままだった社長のノウハウを誰もが使えるように外に出す。そして社員全員でそのノウハウを共通の武器として活用していくのです。**

このアプローチブック、最初に企業理念が出てくるなど、ちょっと変わった構成に見えたかも知れません。しかし決していい加減につくっているわけではなく、こうした営業支援ツールを企画していくときにとても役立つ、参考になる法則を活用しながらつくっています。この法則は船井総研の社長であった小山政彦が編み出したものです。

**商品=本体的価値×価格×サービス×ブランド×情報×理念　という方程式。**

非常によく考えられている方程式。私もよく使わせてもらっています。商品の価値を6つの要素に分解して構成しています。お客様に商品（サービス）を買っていただくときには、この掛け算の結果に納得していただかなければならないのです。

そして営業マンが行う商談は、こうした要素をお客様に対して説明していくことでもあるわけです。私は、この方程式の一番下、つまり理念から説明していくことで商談が非常にうまくいく、とかねて主張してきました。

普通の感覚だと逆でしょうね。商品の本体的価値とか価格から商談を始める営業マンがほとんどです。そんな説明の仕方だと、お客様が他社と比較するのは商品の機能そのもの、そうでなければ価格の安さになってしまいます。本体的価値がそれほど違うケースはあまりありませんから、実質的には価格勝負になる。中小企業としてはもっとも巻き込まれたくない土俵です。でも現実は巻き込まれたくない、と思いつつも無意識のうちに自分でそこを土俵にしてしまっている、負のスパイラルです。

そこを方程式の一番下、理念から説明していくと、状況がガラリと変わってきます。理念とは会社が掲げる企業理念のこと。これに加えて、できる営業マンは自分の信条的なものを、そこに含んでいきます。

理念という価値観の軸でお客様の共感を得ることができると、それが買う買わないを決める一番大きな要因になります。価格の違いは取るに足らない小さな問題になってしまう。商品について細々と説明する必要すらありません。「御社にするよ」「あなたから買うわ」で商談が決まってしまうのです。嘘みたいですが、本当のこと。結局、お客様が何を欲しがっているのか、という話です。

こんな法則を下敷きにして、社長がずっと持ち続けてきたこだわりがしっかり説明できるようなサポートツールをつくれば、商談は本当に楽に動くのです。

## やっかいな見積もり作成もツールでサポート

強力なサポートツールによって、商談の前半戦、プレゼンテーションの部分はかなりカバーすることができます。新人営業マンでも十分に機能するレベルまでは数ヵ月で到達可能な世界です。

その一方で残るのが積算＝見積もりのステップです。広告や印刷、建築関係、デジタル系を含めたサービスのように完成品が商談段階では見えにくい請負タイプの業種では、特に大きな問題になります。商談の場ですぐに価格の目安を、と言われることも多いでしょうから、新人営業マンにとっては試練の場です。

こんな問題もツールでサポートすることで営業マンの苦労はだいぶ楽になります。これまでも優秀な営業マンは手帳などに数字のメモを挟み込んでいたりと、いろいろ工夫をしていました。しかしそれと同じことを経験の少ない営業マンにやれ、と言うのは無理な相談です。
これもそれほど大げさなものでなくて構いません。**要は「アンチョコ」なのですが、ただの値段表だとちょっと足りない。現場の知恵がないと即戦力のアンチョコにはなりません。**文章にしてしまうとたったこれだけのことなのですが、いざやろうとすると2億円規模の企業にとってはかなり高いハードルになります。それも当然で、実質的にそんなことができるのは社長しかいませんが、社長だって忙しい。パソコンの前にじっくりと座っている時間はなかなか取れないのが現実なんだよ、と言われる方も多いですが、そこで止まってていてはいけません。

だんだんとお分かりになってきたかと思いますが、10億円企業になるためのマーケティングの仕組みをつくっていくことは、社長の頭の中にある暗黙知を引き出してくる作業になることが多くなります。そしてそれは、社長がいないと始まりません。社長が現場にいたら一向に進まないことなのです。「現場から離れてください」と言うのは、社長が仕組みを考え、形にする時間を確保することでもあります。

## お客様を絞り込めば営業マンの行動が変わる

私がお勧めするビジネスモデルが持つ特徴の1つとして、「お客様との付き合い方が変わる」ことがあげられると思います。極論になるのをあえて承知で言えば「お客様をこちら側から選ぶ勇気を持つ」ことです。

お客様、と大きく言ってしまえばそれまでですが、商圏などの物理的・条件的な制約を含めて、実際にお付き合いできるお客様、すなわち自社の顧客となっていただける方の人数には自ずと限界があります。

**それは顧客との接点となる営業マンのキャパシティによるものなのですが、要はすべての方を顧客にすることは不可能、限られた人数のお客様にしか対応できない、ということです。**

この認識から出発すると、成長軌道に乗っている企業が抱える営業マンの行動が変わります。限られたキャパシティの中で、自分たちが本当に相手をしなければならないのは誰なのか、商談がスムースに、かつＷｉｎ－Ｗｉｎの関係で成立するのは誰なのか、そして長期にわたって自分たちの商品を愛用してくれるのは誰なのか。この視点で現在の顧客リストを見直すことが可能になるのです。

顧客リスト、と呼ばれる表を改めて開いてみると、とても優良顧客とは呼べない方がかなりの割合で交じっていることに気がつきませんか？

いつも値引きを要求する人、何度通っても契約をしてくれず返事を濁し続ける人、クレームばかりで売上金額ははかばかしくない人、今まで誰一人として紹介してくれたことのない人……。正直言ってお付き合いを考え直したい方が相当数いるはずです。

勇気を持って、その方たちとのお付き合いをストップする。そしてもっと自社にとって歓迎すべきお客様とのコミュニケーションを深めていく。そんな方向に営業の体制をシフトしていくべきなのです。

10億円企業への道を走り始めた経営者にとって必要なのは、手間のかかるわりにはつらい思いばかりする〝お客様〟ではなく、自社との絆が深く、自社の良さをクチコミで拡げてくれるような本当の顧客です。優良な既存顧客を大切にしながら、「筋のいい新しい顧客層」を増やしていくのがマーケティング戦略の基本。しかし実際は無駄なことに時間を費やしてしまっていることがあるのです。

ただ、いくら筋が悪い、とは言ってもなにがしかの取引がある既存客をばっさり捨てるなんて恐ろしいことでもあります。

**そこで絶対に必要になるのが、集客を担当する部門との強い連携プレイ。**集客の段階で、あるいはその後の見込み客とのコミュニケーションの段階で、「筋のいい見込み客」をどれだけ営業にトスできるか、が大きなポイント。お客様を選ぶ、という大胆な戦略は、営業部門だけでは到底できません。ビジネスモデルという企業全体としての、マーケティング戦略全体としてのサポートが不可欠なのです。

**つまり営業マンに対して「筋の悪いお客とは付き合うな」と言っているだけでは意味がなく、その後に「筋のいい見込み客リストはここにある。安心して営業に行ってくれ」と**

**続けられるようになることです。**

こんなところにも、営業部門単独ではない10億円企業トータルでのビジネスモデルの設計、が効いてきます。集客と営業とを分離する、しかし一体で運営する。部品として分かれてはいるけれども一緒に働く。それが10億円企業のカタチです。

第9図

# 実務設計

仕事を任せる、が経営者の必須技！

## 指示するのではなく、コーチングスタイルで指導する

営業にしてもそうですが、特に契約が決まってから納品するまでのいわゆる実制作（作業）のパートも、現場の社員に任せる必要があります。ここでも社長の仕事は我慢することから始まります。

技術系の出身で、完璧主義タイプの経営者ほどそうなりがちなのですが、とにかく下に任せられない。ついつい口を出してしまいがちです。商品・サービスそのものをつくっていくタイプの業種ではその傾向が顕著。現場に顔を出してはここが悪い、あそこをこうし

ろ、と口うるさく〝ご指導〟してしまう。すでに商品がある小売りのようなケースでも、接客・応対の細かいところを一つひとつチェックしたりしますし、商品発送の手順のあれやこれやにも全部目を光らせている。

目を光らせる、というのはあまり正確な言い方ではないかも知れません。自分自身のやり方でないと気が済まない、と言った方が正しいでしょう。おそらく思い当たる節がある方も多いのではないでしょうか。これでは到底任せている、とは言い難い。社長の思い通りに作業させているだけです。

あまり細かいことまで現場に指示していると、部下は育ちません。それはおそらく分かっているのでしょうが、どうやって下に仕事を振っていったらいいのか、を見きわめるにはスキルと経験が必要になると思います。今まではほとんど自分が個人作業でやってきたものを他の人にさせるのは思いのほか苦労すること。どこぞの国じゃありませんが、権限委譲は難しいのです。

私は「指示をするよりはコーチングを」と言っています。コーチングもかなり一般化してきたとはいえ、中小企業のクラスでコーチングを実践している経営者はまだまだ少ないのが実情。ましてや現場をバリバリ取り仕切ってきた人ほど、発想の転換が必要になるようです。

**コーチングの基本は、答えを全部言わないで、常に質問して、問いかけてあげることです。教えること＝ティーチングとは違います。**

業務経験が浅い人、また依存心の強い人に向かって最初から正解となる答えを言ってしまうと、自分で考えなくなりますし、ましてや行動となって出てくることもない。いわゆる指示待ち族の状態です。ある意味で社長の判断の方がやっぱり正解に近いですから、最初から言ってしまうとそれ以上のことが出てきません。そうではなくて**「自分で考えて、行動して、結果を出す」ような環境をつくってあげるのが、社長の本当の仕事です。**

ご存じの通り、ビジネスには絶対的な正解がありません。つまり、社長のやり方が100％正しいとは実は限らないのです。もしかしたら、社長が獲得してきたお客様にはその方法が合っていただけ、なのかも知れません。

社員が自分で契約を取ってきたお客様には社長のやり方は通用しない可能性も結構あります。通用はするんだけれども、お客様はそこまでは求めていない、なんてことも十分考えられます。オーバースペック、やりすぎてしまうケースです。

同じようにコンサルティング会社に支援を頼むとしても、「ウチは五十棲でなくてもいいよ、若手で十分」ということもあります。そんな現実のニーズと社長の認識との間にギャップがあったりすると、うまくいかない。社長がまだまだ、と独り相撲をとっている会社がたくさんあります。

**会社が大きくなってくると、これまでの成功事例以外の「勝ちパターン」が生まれてくることを知ってください。**そして社長自身がそれを認め、「我が社の勝ちパターン」として受け入れることが大事です。ここで納得ができないと、自分の勝ちパターンを社員に押しつけるだけになってしまいます。その結果は、考えることができない社員が増えるだけで、結局自分にお鉢が回ってきてしまいます。それでは元の木阿弥《もくあみ》。仕組みとしては不完全です。

こんな将来像を知った上で、部下には現場をどんどん任せていくべきです。いきなりドンとすべてを任せるのがベストだとは思いません。商談から納品までのやりとりの中で、ここは大事だなと思うポイントを2つ3つと押さえていくことから始めればよいのです。最初は小さい仕事から徐々に手放していく感じです。

新しく仲間になった社員にいつから仕事を任せ始めるか、も悩ましい問題。悩ましいのですが、過去の実績から言えば、そのタイミングはみなさんが思っているより早くても大丈夫ですね。もちろん最初は簡単な、難易度の低い仕事から任せていくことになりますが、新卒でもわりと早めに現場に出していく。

仕事を任すことに関して、ひとつ知っておいて欲しいことがあります。部下に任せると失敗します。必ず失敗します。当然、上が責任を取ることになるのですが、これくらいの段階ではそれほど大事にも至りませんから、思い切って任せてみた方が、人間の成長は早い。そこは任せ具合のコントロールが必要になりますが、結果を見ると会社としてはプラスになります。ですから**できることからどんどん任せていくことをお勧めしています。**

数億円程度の規模では稼がない人間を1年も置いておくだけの余裕もなく、厳しい。だとすれば自分の給料分ぐらいは仕事を任せた方がいいんじゃないですか、ということです。2億円から10億円への過程では、人を真剣に育てていくのは初めてだという経営者がほとんどですから、このあたりのことには不安があるでしょうけれども、できる限り早めに仕事を任せていくのが基本だと思います。その反面、採用や教育をしっかりやることも必要になってきます。

## 社員の実務をどこまでサポートすべきか

仕事を任せることと、野放しにする放任とは違います。自分が社員に同行する代わりになるようなサポートをしっかりとしてあげることが大切。ここでも社長の「暗黙知の外出し」が有効です。**コーチングとセットにして部下にプレゼントしたいのは「見本」です。**

例えば納品までのスケジュール表を1枚つくることを任せてみるとしても、ただ「やってみろ」では時間もかかるし、自己流に陥ってしまいがち（かといって一から十まで細かく教えるのはNG。自分で1回やらせてみるのがポイントです）。そのときに、基本となる過去の〝作品〟を一緒に渡してあげる。ナレッジマネジメントの基本技です。

一度は自分で作業をしてもらったものを、キチンとチェックしてあげるのも大事なポイント。ここは社長か、もしくはナンバー2にあたる人の仕事。「あまりキツキツに日程を組まないで、2日ぐらいは余分を組み込んでおく」など、より実践的なアドバイスをしてあげてください。人間とは不思議なもので、一から十まで教えられても覚えないし、まるきりやらせてしまえば精度が下がる。自分でやることと、教わることとの間にバランスがあります。

それから、**「自分の業務内容をしっかり報告する習慣を付ける」ことも忘れずに教えてください**。社長が現場に出ないのですから、社員が1人で行動している時間がどんどん増えていきます。そこは任せるよ、になるのですが、何をしていたのか、どうしてそうなったのかはキチンと報告させる。

報告・連絡・相談の「ホウレンソウ」は社会人の基本中の基本マナーですが、できている人は意外と少ないものです。社会人の常識は会社に入ってくるまで知らないのが実態ですから、我慢して教えてあげる。早いうちに習慣化するのはトップの仕事だと私は思っています。

ホウレンソウの中で、まず身に付けたいのが「報告」。私のクライアントには「現場記録シート」をよく使ってもらっています。提出するタイミングは日報、週報などいくつか考えられますから、それは自社の業務サイクルとの相談です。営業マンなど、仕事場がオフィスの外になる業務ではぜひ取り入れてください。

ここでも社長の暗黙知的な経験を外に出し、キチンと形にすることをやりたい。ただ「日報を書け」では何を書けばいいのか、社員は分かりません。

上が何を知りたいのかは、実際に上のポジションに立ってみないことにはまるで実感が湧きません。ここはギャップがあるところ。社長が分かっていることだからと言って、社員もそうだとは限りません。社長が社員と自分とを同じくらいの能力があると勘違いしているからこういうギャップが生じるし、いつまでたってもその溝が埋まらないのです。今は30％しか能力がないんだ、と認識していれば、「自分がこうだから」と思う乱暴さがなくなります。もっと優しくなれるはずです。

## 社員に任せると、クレームは必ず起きる

残念ながら、社員が完璧に仕事をこなし続けてくれることはありません。どこかで必ずクレームが起こります。社長が自分1人で仕事をやっているときには起きなかったようなクレームが起きてしまいます。ただ、それを怖がっていたら、いつまでたっても変わらない。会社は2億円のままです。ぐっと我慢、が必要でしょう。

社員に任せて起こるクレームで多いのは、商品やサービスの品質に対してというよりは、主に顧客対応の問題です。まだ慣れていなくてアタフタしていたり、まどろっこしかったりする対応にお客様がイライラされてのクレームということです。

社員に任せて起きたクレームへの社長の対応はただ1つです。

**こうしたクレームが発生したときに、社長が出て行ってはいけません。**

出て行けば、もちろんすぐに解決します。けれども決して出てはいけない、と私はずっと言い続けています。なぜなら、クレームを社員が自分で解決できない限り、それ以上の成長が望めなくなってしまうからです。

社長には他にやるべきことが山ほどありますから、できる限り現場から離れるのがベストです。それなのに時々とは言いながらも現場でクレーム対応をしてしまうと、いつまでも現場から離れられない。社員も自立しません。自立しない社員が何人いても意味がありませんから、とどのつまり会社そのものも成長できない。悪循環が続くだけです。クレームの現場に社長が出て行ったばかりに、そうした成長の芽をかえって摘んでしまうケースの方が多いようです。

私は「小さい失敗はたくさん経験しろ」と、クライアントにも自分の部下にも言ってきました。失敗は成長の糧。お客様の声が深く聞けるチャンスだと前向きに捉えようと。自分自身のことを振り返ってみても、いくつかの失敗が自分を大きくしてくれた、と思います。

それよりも、クレームがあったことがトップに上がってこないで担当者レベルで抱えている方がマズイ。某社の例を見るまでもなく、クレーム隠しはよろしくないです。**クレームをゼロにしよう、とは考えずに、会社としてできる限り早い段階で防止する、あるいは失敗を軽くする工夫を仕組みとして持っていた方がいいですし、クレームが起きてしまったら正々堂々と受け止めた方がいい。**

経営的な視点からも、社長が出て行ってはいけないと考えています。クレームをつけてきたお客様によっては、以後のお付き合いがなくなってしまうかも知れません。それはそれで仕方ないと思って欲しいのです。現実的にはクレームになるのはごく一部のはずですから、社長が出て行かないことでそのお客様を失ってしまっても、経営が成り立つようなビジネスモデルが出来上がっていればいいじゃないですか、ということです。

私が提唱しているビジネスモデル、10億円企業の設計図は、社員一人ひとりの特別な才能に頼らない会社をつくろう、ということなのですが、同じことが自社の顧客リストにも言えるのかな、と思います。「一番のお得意先に切られたら終わり」というビジネスモデルで経営をしている会社は意外にたくさんありますが、そういう状況から脱却しようとしているからこそ、会社を設計し直そうとしているわけです。

クレーム対応から話が広がっていますが、マーケティングとマネジメントのいろんな部分がかなり密接に絡み合っていることが分かっていただけるかと思います。**ビジネスモデルをつくるとは、こうした絡み合った課題すべてをトータルに解決するための仕組みをつくることです**。どこか1つだけをやろうとしてもうまくいかない。10億円企業になるためには、経営のあらゆる側面を大きく変えていかないと、スムースには回っていかないものです。

## 社員に任せる＝
## 社長が我慢するということ

社長が社員に現場を任せていると、とにかく自分の思いとはちょっとずれたところで仕事が動いていきます。

例えば、久しぶりに営業に同行したとしましょうか。隣では我が社の営業マンが頑張って商談している。でも横で聞いていると、マズイところがたくさん見えてくる。「そこはちょっと違うんじゃないか？」みたいなことが、たった1時間の商談の中でもいっぱいあったりします。

でも、ここが我慢のしどころ。部下の話をさえぎって「それは……」と社長が始めてしまってはダメ。社長自らが社員を否定することになってしまう。我慢しないといけません。大きな方向が違うと思ったら自社に帰ってから確認すればいいことですし、細かいことについては最初から最後まで、現場の部下に任せる。

クライアントが「それでいいよ」と言ってくれれば実は問題ないのです。それで十分満足されているわけですから。もし不満だったら何らかの連絡が入るはずです。

社長に職人気質があると、なかなかこうはいきません。「ここまでやらないと、ホントにいかん」と考えていて、納める商品・サービスについて高いこだわりを持っている。商品力にしても品質にしても、本当の完成度を追求しています。でもこれが時として「やりすぎ」になることがある。お客様がそこまで求めていないケースもたくさんあります。この事実は業種を問わずそうです。**社員に任せることで、ある部分の品質が下がっているかも知れなくても、お客様が十分に満足されているのなら、その社員の成果を否定すべきではない、と私は考えています。**

社長がこんな職人タイプだと、「やっぱり任せられない。自分で最後までやる」となりがち。そこまでいくようだと、ほとんど芸術家。感性の世界です。感性は人によってかなり違いますから、意見が平行線をたどることもままあります。商品としての「絶対譲れない部分」はあると思うのです。ただその一線をクリアしているのなら、それ以上はどこかで線引きをしないと、下には任せきれなくなってしまいます。

実際、現場の好きな社長はあまり会社を大きくしようとされない傾向が強いように思います。経営としての判断ですから、それはそれで私はいいと考えています。

ただもし、「もっと会社を大きくしたいと思っているんだけれども、現場へのこだわりが強いんだ」と言うのであれば、**「本当にそこまでのレベルをお客様は求めているのか」と自問してみてください。**ここで自分が納得できないと、社員を増やして、任せていくことはできませんから。

# 第10図

# アフターフォロー／クレーム処理設計

## 組織と個人の麗しき役割分担！

### 放っておくとそのままになりがち。だから仕組みでカバーする

2億円から10億円へ急成長を遂げていくためには新規顧客層の拡大が不可欠ですが、その新規顧客層をそのままリピート客の増加につなげていくのがベストです。常に新規顧客の獲得が必要なマーケティングモデルはなかなかハードルが高いですから。たとえ住宅のように一生に一度の買い物と考えられている商品であっても、リピート化は可能。増築や修理・メンテナンス系のリピートが見込めるからです。

さらに、リピーターとなってくれたお客様は紹介客を自社に連れて来てくれます。紹介

していただいた見込み客の契約率は高くなりますし、マーケティングコストも格段に良くなりますから、企業としては絶対に大事にしたいところ。そのためには一度顧客になってくれたお客様を丁寧にフォローしていくことが一番の近道であることはもうご存じでしょう。

しかし急成長の過程では、ここでもいろんな問題が起こります。2億円企業の頃は顧客のほとんどが社長人脈であったりして、フォローも簡単。何より人間関係で集客、紹介とつながっていたのではないかと推測します。ところが、**マーケティングの仕組みが出来上がってくると、顧客が社長人脈から徐々にではあっても離れていきます。社長としてもお客様の顔が浮かばなくなってくる時期です。となると、お客様との継続的なコンタクトをどうするか、がまず問題になります。**

選択肢はいくつかありますが、私としては**アフターフォローは会社の仕事である、**と考えています。コンサルタントによってはあくまで営業マン個人の仕事であると指導されている方もいると思いますが、ここは会社の仕事、組織の仕事にした方がいい。もちろん営業マン個人の作業もあるのですが、アフターフォローの仕組みそのものの組み立ては組織が担当すべきである、と言っているのです。

というのは、**個人に任せきりだと担当者による差が大きすぎるからです**。業種を問わず、トップセールスの方はフォローがとても上手。もちろん社長もそうですね。お客様のフォローがしっかりできる営業マンは、ほとんどリピートと紹介だけで十分に稼げる。そのくらいにフォローは大事ということなのですが、これが人によっては非常におざなりになってしまいます。これは個人の感性、感度の問題で左右されやすい部分です。できない人には何度指導をしてもできなかったりしますし、忙しさに負けてしまって全然手が動かないことも多い。

しかし、そういった営業マンがいても会社として強くなることが私の提案するビジネスモデルですから、やっぱり個人が動けない、あるいは気づかない部分を組織が補っていこうと考えて仕組みをつくっていきます。

組織でフォローする、と言っても2億円企業であればイコール社長というのが実態ですから、もちろんそんな素地はありません。これだけは、の最低限レベルからフォローのルールをつくり上げていきます。

**最初に決めたいのが、既存顧客とコミュニケーションする回数をどうするか、です。**例えばお客様1人に対して最低3枚はサンキューレターなど、お客様とコンタクトするツールを出そうと決める。いつ出すのかも決めてしまいます。最初にお会いしたとき、契約のとき、そして納品後。コミュニケーションの頻度が高いほどいいのが原則ですから本当はそれ以上やった方が望ましいのですが、最低でも3回はやろう、という線を会社として決めてしまいます。

たった3回、と思いますでしょうか。これでも十分に効果があります。ご自宅の郵便受け、SNSの履歴を考えてみてください。営業マンから心のこもったお礼状をもらったことがありますか？「知っている」と「やっている」とは大違い。本当に手や身体を動かしている人はいつの時代も少ないのです。だからこそ急成長も可能になるのですが。

回数を決めただけでは仕組みとしては弱い。現場の営業マンにしてみれば、「3回お礼状を出せ」と言われただけではまだ動けません。もう少し手厚いサポートが忙しい現場（になるように集客をしているはずですから！）には必要です。

私はお礼状の文面サンプルまでつくるようにお願いしています。場合によっては、私が文面自体を考えてしまうこともあります。ただし、そのままハガキや手紙、メールやSNSメッセージなりを完成させてしまうことはしません。そんなお礼状はお客様にとっては単なるダイレクトメールです。文面サンプル、と言ったのはそういうことで、**ハガキには営業マンがそれぞれ手書きで清書してもらうようにしています。字は汚くてもいいから、必ず手書きで書いてもらうのがポイントです。**

つまりお客様が受け取るのは営業マンからの手書きの私信、になる仕組み。ここまでやって初めて、お客様のハートを撃つことができるのです。

手書きができないデジタルツールによるお礼状であっても、その営業マンが一筆書けるスペースを残しておく、さらにそのスペースに入れられるサンプルを用意することはできます。要はお客様との間にパーソナルな関係をつくり出すことです。

年賀状のシーズンもうまく使えます。年明け早々は時間がありますから、その期間に集中して顧客名簿の整理、入れ替えを行って、10日頃に到着するくらいのタイミングでハガキやメール、メッセージを出す。年賀状ではないのですが、正月に着くよりもお客様としっかりとコミュニケーションがとれる。向こうもお正月気分が一段落した頃ですから、ちゃんと話を聞いてくれる時期です。こうした手法はBtoC、BtoBのどちらでも有効です。

組織が仕組みをつくって営業マン個人をサポートする、というのはこんな形です。文面サンプルが決まっているといっても、そこに気持ちはある。営業マンもお客様のお名前や文章を書いていると当然感謝の気持ちでいっぱいになります。コツがつかめてくれば後は簡単で、ちょっと慣れてくると、文面サンプルなんて必要なくなってきます。スイスイと自分の言葉で書いてしまう。最初のサポートをしっかりしてあげられれば、そういったコツはいつの間にか自然に身に付いてきます。

**ハガキや手紙、メールやメッセージだけでなく、組織として行うフォローツールとして注目を集めているのがニューズレター。**月1回から2、3ヵ月に1回ぐらいのペースで発行している会社が多いようです。記事の内容は多岐にわたっていますが、もっとも反応がいいのは社長、および社員の個人的な話題です。担当の○○が結婚した、子どもが生まれた、異動になった。あるいは昨日こんなことがあったよ、というエッセイ的なもの。どちらかと言うと社内報的な要素が多いものがウケています。

特にお祝い系の話題ですと、読者であるお客様が反応しやすくなります。私はニューズレターを無理してまで出す必要はない、と思っていますが、手描きのイラストが得意です、なんて特技を持つ人が社内にいるのであれば、大いにやる価値があると考えています。ニューズレターは、むしろアナログな方がウケたりします。受け取った方が感銘を受けたら、ご家庭でも職場でも〝回覧〟されることがよくありますから。

その他にも営業マンを介さないフォローも可能です。組織だけ、でやるアフターフォローの仕組みです。この方向でも企画は考えられます。

特に無理をする必要はなくて、あくまでも実務の流れの中でチャンスを見つければいい。なかでもお金の動きが発生するときはフォローがやりやすいタイミングです。お客様から代金の振り込みがあったのを確認してからするお礼の電話などはどうでしょうか。「この会社、いろんな人が見てくれているんだな」と安心してくれるはずです。

## クレーム対応もアフターフォローの1つ

社長が現場から離れるとき、そして会社が成長していくときには多少のクレームは避けられないのですが、そのダメージを最小限に抑える手立ては講じておきたいところ。**クレームはついたときにはもう遅いですから、クレームの種が芽を出す前にキャッチしておくのがベターです。**

組織が直接フォローをするときは、実はクレーム対策としても効果を発揮します。会社として、営業マンには直接言いにくい不満などを聞いてしまうのも手。

営業マンは自分が抱えているクレーム案件を隠しがち。入金が遅れていても「大丈夫です。ちょっと遅れてるだけですから……」なんて言ったりします。ところが実際は、お客様が商品や営業マンに対して不満を感じていたりして、わざと入金を遅らせているケースもあります。

経理（本社）としては、あるはずの入金がないわけですから、少なくともスムースじゃないんだな、と分かる。普通だったらそのまま放置して、現場の営業マンに任せてしまったりしますが、私のビジネスモデルではそこを変えていきます。

**入金の催促ではなくて、状況を確認するための電話を入れてみる。「ご注文をいただいておりまして、ありがとうございます。予定通りでしょうか？」そんな感じの連絡を本社からすべてのお客様に取るようにします。**

実際にお客様の声を聞けば、状況がある程度は分かりますから、話が大きくなる前にあらかじめ対処することも可能になります。

入金がキチンとあったならば「ご入金ありがとうございます。ところで……」と話をつなげていけばスムースにヒアリングを進めることができます。クレームが上がってこないのはどうしてだ？　と不思議がるだけではなく、やり方しだいでその予兆を察知できるのです。

仕組みさえ出来上がってしまえば自分で電話する必要がないですから、時間的な拘束もないし、コストパフォーマンスもマル。社長は結果報告だけを聞けばいい。

一番高いコストは社長自身の人件費です。人件費すなわち時間をかけるのは仕組みを設計する部分であるべきで、日々のオペレーション、運営にはできるだけタッチしないで済む方法を編み出すことがベターです。

**会社の規模に関係なく「お客様相談室」を設けてしまうことも効果的です。**電話番号をフリーダイヤルにして、社長直通にする。電話を受けるのは担当者レベルでいいのですが、営業マンとは別の人間にしておいて、お客様が話しやすい環境をつくっておくことです。

通常であれば自分を担当してくれている営業マンがその会社とのパイプ役になるわけですが、それとは別の回路を設けておくと、お客様が抱く印象としての顧客フォロー度が高くなります。

ハガキやメールなどのダイレクトなコンタクトツールでも同様です。メンテナンスの意味で年に1回程度の定期で送るようなものでも、お客様の方からコミュニケーションを返してもらえるルートがあると、ふとしたときにクレームだったりアドバイスだったり、自社をもっと良くするための情報がお客様から入ってきたりしますので重宝します。

一度始まった関係をできるだけ絶やさず、豊かなものにしていく努力が必要な時代になりつつあるのを感じます。みなさんの会社はいかがでしょうか？

## クレーム処理も最後まで部下に任せきる

社長が現場に出て行かない、というルールはクレーム処理においても基本的には同じです。もちろん企業の活動ですから、最終的には企業の代表者である社長の責任になるのですが、現場での対応はできる限り現場に任せる。

先ほど、現場に業務を任せれば必ずクレームが起きると言いました。クレームが発生する割合はゼロにはならないですし、ゼロを目標としてしまうのは、意味のない精神論でしょう。クレームはいつか発生する、その原則は変わりません。**社員に任せたいが、任せるとクレームが起こる。このジレンマと向き合わなければいけないわけです。**

クレーム対応の方法についても、仕組み化しておくことが重要です。**クレームが起こってから対応方法を考えていたのでは、遅すぎます。いわゆる初期動作から、最後までの対応、そしてその後のメンテナンスまでの一連の流れをしっかりとあらかじめつくり込んでおくことです。**

例えば、クレーム発生から30分以内にお客様のところに駆けつける、と決めておく。そして営業マン全員がその通りに動けるようになっている、または上司がすかさず指示を出せるようになっていることです。

こうした手順を決めておく意味は何でしょうか？　それは組織全体でのクレーム対応の水準をキープすることにあります。概して優秀な営業マンはクレーム処理も上手です。早めに動いて手を打つし、対策もしっかりと講じます。また、社長が登場するのであれば、事態をお金で解決するのも簡単です。決裁権を持っている人間が対応にあたっていればそれも当然です。

しかし大半の会社では、それが単なる個人技になってしまっていて、組織全体の対応にまでなっていない。担当者によって対応に違いがあることが後々大きな問題になってくると思ってください。

**組織としてクレームに対するバックアップをしておくことは、現場社員の積極性をサポートすることにもつながります。**

ザ・リッツ・カールトンという世界中にネットワークのあるホテルがあります。ここは提供するサービスの質の高さで有名ですが、裏ではしっかりとした仕組み、ルールで現場の接客にあたるスタッフをサポートしています。

一例ですが、このホテルで働く人たちには、1人当たり2000ドルまでの決裁権が認められています。日本円にして約20万円強〜30万円弱ですが、この限度額までは上司の許可を待たずに自分自身が必要と判断したら直ちに使うことができる仕組みです。

もし客室の清掃中やルームサービス中にお客様の持ち物を壊してしまったりしても、その場ですぐに対応することができます。

お客様の立場で考えてみると、一番困る、そしてイライラするのが処理方法がなかなか決まらずにたらい回しにされることだと思います。ザ・リッツ・カールトンは顧客のストレスが一番高くなる可能性をちゃんと知っており、そのリスクに対して仕組みで応え、現場の素早い対応をサポートしているのです。

結果としてどうなるかと言えば、社員はより高いレベルのサービスを提供しようとしますから、１人２０００ドルという高水準の決裁権を与えていても、組織全体でのトータルコストは下がることになります。非常によくできたビジネスモデルのパーツだと思います。

繰り返しになりますが、社長が出て行って解決してしまうのは簡単ですが、毎回それでは組織としての発展がない。あるいは社長の卓越したクレーム対応の技を、いつまでも社員がマネできないままになる。それこそが組織にとっては問題なのです。

だからこそ、クレームに関しても社長が出て行ってはいけない、と肝に銘じてください。

そして自分が出て行かなくても済むようなクレーム処理のやり方を事態が起こる前につくってしまうのです。

## お客様をアッと言わせるサプライズフォローを仕掛ける

最後にアフターフォローの中でも「そこまでやるか!?」という例をご紹介しましょう。**アフターフォローのコミュニケーションは、自社が抱く企業理念をさらに強く印象づけることが可能です。**すでに顧客化されているタイミングですから、こちらについての情報を持っている相手です。商品を売るのではなく、自社のブランド、お客様との絆をもっと強くするためのコミュニケーションが伝わりやすいのです。

船井総研時代、私がご支援させていただき売上50億円規模まで成長された住宅・建築関連企業は、既存顧客を大事にされていました。お中元、お歳暮の時期には、すべてのお客様にお届けもの。当時、賃貸事業も手がけられていましたが、ワンルームマンションを借りているような顧客にまで、です。

また、バスをチャーターして日帰りでテーマパークまで出かけて行く。お客様からいただくのは実費程度。持ち出しは当時にして数百万円にも……の世界でした。確かに住宅は高額商品ではありますが、完全に「一本立って」います。

ここまでいけば、本当にサプライズ。嬉しくないお客様はいないでしょうね。単純なおもてなしだけではなくて、自社の理念に共感してくれるような顧客を探している、あるいは何らかのお取引で始まった関係をぐっと深めていくことに力を入れている好例だと思います。

もう1社、株式会社ＯＫＵＴＡ《オクタ》の事例もご紹介しましょう。こちらも住宅関係ですが、以前は既存顧客の中でロイヤリティが高いお客様、ＶＩＰを超・高級料亭でのお食事会にご招待されていました。ＶＩＰというのはお知り合いやご友人を紹介してくださるお客様。もうほとんど「ファンクラブ」の世界。社長自らも対応してお客様と一緒の時間を過ごされていました。

その仕組みはさらに深まり、「ロハスクラブ」と「アンバサダー制度」に発展。「ロハスクラブ」は会員数1万7000人の規模（2022年現在）。設備の補償延長や、修理やトラブルへの24時間365日対応など住宅まわりのサービスに加え、買い物代行サービスや健康的な生活へのヒントを提供するなど、手厚いアフターフォローを行っています。

そして「アンバサダー制度」にいたっては、もはやアフターサービスの概念を超えているかもしれません。現場見学会などのイベント開催に協力してもらうだけではなく、社長や幹部とミーティングや食事をともにしながら、OKUTAをもっと素晴らしい会社にするためにどうしたらいいのか、意見を言ってくれる人たちがアンバサダー。一般的な企業と顧客の関係ではあり得ない強いコミュニティです。

お客様たちは、アフターサービスが高額だから喜んでいるわけではありません。自分が友人や知人を紹介した会社から感謝されている、という事実そのものが嬉しいのです。そして直接ふれあう中で社長や社員から熱く理念を聞かされてまたまた共感して……とさらにファンになってしまうサイクル。顧客との絆は太くなる一方です。その絆は当然、新しいお客様を自然と呼び込む仕組みになっているのはお分かりの通り。

念のために繰り返しますが、サプライズ＝高額、ではありません。値段が高いだけでは、もらっても嬉しくない。誰からもらったんだっけ？　なんてことになってしまったら意味がありません。

お伝えしたかったのは、アフターフォローの効果の高さ。**釣った魚は……ということで既存顧客はついつい軽視しがち、特に営業マンはそうです。その抜けがちな盲点をトップが課題として把握し、解決するための企画を考えて、定期的な仕組みをつくっていく。**組織と個人との素敵なコラボレーション（協働）が、美しいビジネスモデルをつくるのです。

第4部

# 10億円企業の設計図II

## マネジメント工場をつくる

優秀な人材は、集めるのではなく、つくる。
それが社長の仕事

2億円企業の経営者の多くは、社員をどう育てるか、どうマネジメントしていくか、という問題については無関心です。今までは自分が現場を切り盛りしていればよく、そんなことに気を回している余裕も必要もなかったでしょうから、それも当然のことだったのでしょう。社員がすぐに辞めてしまうような会社であったとしても、実質的には自分だけがフル回転していれば経営は成り立っていたからです。

しかし、**10億円企業の経営者になることを誓ったのなら、マネジメントの問題を避けて通ることはできません。**特に離職率の高い企業は自社のマネジメントを深く見直す必要があります。

マーケティングの説明でも繰り返しお伝えしているように、現場に出てお客様と接していくのは自分ではなく社員だけになるわけですから、部下である社員をどうしていくのかを真剣に考えていくことが求められます。

考えなければいけないのは、まず採用。次に教育。そして管理・評価。さらには社員をまとめていくための企業理念にまで及びます。そのどれもが2億円企業の経営者にとっては初めて直面する課題かも知れません。もともと大企業にいて独立したような方であっても、ここまでトータルな人事業務をカバーしていた経験はほとんどないでしょう。

人間誰しも、経験がないジャンルについては尻込みしがち。特に経営者はこれまで現場で活躍してきたタイプですから、マネジメントのことには及び腰になりがちです。

しかし、それは大きな間違い。将来の失敗の種を蒔《ま》くことになります。社員には、明日からでも自分の名代を務めてもらわなければならないのです。**自分が出て行けないからこそ、社員の行動には責任を持ってもらいたい。もっと多くの時間を割き、もっと知恵を巡らせるべきなのです。**

10億円企業のマネジメントを考えていくときの前提は、マーケティングで取り上げてきたものと同じです。平均すれば社員の能力は社長の約30%である、という事実。無いものねだりは厳禁です。その30%の人材をどうやって戦力化していくか。どうやって自分と同様の戦闘力を身に付けさせていくのか。この問題を解決することが社長の仕事です。

そしてマーケティングと同様に「設計図発想」による仕組み化も必要です。採用した人間に社長がマンツーマンで研修をしているほどの余裕はありません。3年で10億円というタイムスケジュールの中では、効率的かつ中身の濃い社員育成の仕組みが必要になります。

中小企業にとってのマネジメントのコツをひと言で言い切ってしまえば「徹底させること」。さまざまなシステムをつくってもそのまま……があまりにも多すぎるのが現状です。細かい規定がしっかりしていることよりも、キチンとした考え方に基づいて個々の社員の言動が運用されていることの方が当然ありがたい。

そして**ネガティブな規則で「縛る」よりも、より自然な流れで、自発的に身体が動くような企業文化をつくることが、優れたマネジメント。強制力で従わせているだけでは、社員はついてきません。**

私は、社員が自律的に考え、動けるようになるマネジメントは「文化型のマネジメント」であると考えています。そして強制ではなく企業文化によって社員をマネジメントしていくためには、企業理念が大きな役割を果たします。

企業理念の重要性は何度強調してもし足りないくらいです。すでにマーケティングの説明でもその効果を紹介していますが、当然マネジメントの領域でも経営者にとって強力なサポーターになってくれます。

これからの経営のキーワードの1つが企業理念の確立。中小企業であっても、いえ中小企業だからこそ、企業理念をしっかりと打ち立て、社員に浸透させている企業がブランド化し、生き残っていくと確信しています。

それでは10億円企業のビジネスモデル、マネジメント編です。経営者をいつも悩ませる「人の問題」をイソズミ・マジックで設計し直してください。

第11図

# 採用設計

コストをかけるべき経営者の最重要業務！

## 採用にもマーケティング発想が不可欠

**最初に言い切ります。社員の採用は経営者の最重要業務です。コストも時間も、今以上に投入すべきです。**それだけのこともしていないで「いい人材が来ない」なんてぼやいている経営者が多すぎます。経営者の採用に関する意識はだいぶ低いのではないか、と感じずにはいられません。

当たり前ながら、何もしなければ良い人材が自社に来るはずはないのです。応募する側からすれば、就職とは「御社という特別に大きな商品を買う」こと。人生という資産を投じる、とても大きな買い物です。

それほどの〝高額商品〟を買ってもらおうとしているにしては、ほとんど何もしていない会社ばかりです。毎日の商売の現場では、ほんの小さな売上のためにもあれこれと努力をしているじゃありませんか？

**採用もマーケティングであると考えてください。これまで紹介してきたマーケティングのスキルを活用して、人材という〝お客様〟に自社を買ってもらうのです。**「採用＝マーケティング」という視点で自社の採用活動を見直してみると、いくつもの改善点が見えてきます。

改善点が見えてきたなら、ぜひそれを仕組みとして組み立ててください。10億円企業に成長するとは、新戦力を採用し続けることでもあります。急成長を遂げていく会社に、無駄な人材は不要ですし、迷っている時間もありません。いち早く採用の仕組みを設計し、回し始めることが必要になるのです。

採用活動について、まず見直したいのがコストのかけ方。ほとんどの企業は、採用に充てているコストが少なすぎると思います。新聞を広げれば3行の、デジタル媒体であってもせいぜい1ページ程度の人材募集広告が並んでいますが、たったそれだけの情報でその企業の何が分かるというのでしょう？　そんな求人広告を見て応募してくるのはよっぽど生活に困っている人ぐらいです。とても優秀な人材とは言えません。10億円企業には、そんなありきたりな求人広告はまったくもって不要です。

自社ウェブサイトを見ても状況はほとんど同じです。もう一度採用に関する自社のページを開いてみてください。ページとしてやっぱり1枚程度のボリュームで、内容はと言えば定型の募集要項ぐらいしか書いていない、なんてことはありませんか？

**勤務時間が何時まで、休みは何日……といったいわゆる労働条件ばかりが記載されている募集要項は、真剣に仕事をしようとしている人が欲しい情報ではありません。彼らが探しているのは、「どんな仕事なのか」という、より詳しい情報です。**それが分からないのでは、応募しようとは思ってくれません。

これまでに数え切れないほどの社長とお会いしてきましたが、「ウチにはいい社員が入って来ないんですよね」と言っている会社ほど、採用に関する情報提供はお粗末です。私に言わせてもらえれば、「ウチは社員を採りたくないんです」と主張しているような求人広告やホームページで満足してしまっている経営者ばかり。満足というよりもおそらくどこまでやればいいのか、の勘が働かないのでしょう。

**私が支援しているクライアントには、「目標として、年商の１％以上を採用コストに使いましょう」と助言しています。**10億円なら1000万円以上。それ以下ではロクな人間は来ませんよ、と。そのくらいまでに発想を根本的に変えてもらいます。

人を雇うことに臆病になっている経営者もたくさんいらっしゃいます。しかしそれでは攻めの経営は望むべくもありません。しかも今まで現場の中心にいた社長は現場から身を引きなさい、というのがイソズミ流の10億円企業へのコンサルティングですから、社員を増やすことが成長への必要条件になってきます。

だからこそ、採用から始まるマネジメントの設計が大事になります。しっかりとした仕組みをつくることで、できるだけいい人材が応募してくるようにして、応募者の精度を高めていきたい。考え方はまさにマーケティングと同じです。

また、よく受ける質問は「採用をするタイミングはいつか」というものです。売上が立つから雇うのか、雇うから売上が立つのか。判断に迷うところではありますが、2億円規模であっても、最初に1人か2人採用していくのが積極的な経営だと私は考えています。

2億円企業なら社員が3～5人ぐらいですが、営業や業務の現場を任せられる人がいない、と社長自身が思っているのが実態です。今の社員にはとても怖くて任せられない。

そこにイソズミが現場には出るな、と言ってくる。「雇いたくないんだったら、今の社員さんでいいじゃないですか」と水を向けると、「だったら雇います」となることが多いですから、求人へのニーズがあることは分かります。

そうなる前にも多少の求人活動はされていたはずなのです。ただそのやり方があまりにも消極的すぎて、いい人材が来ない。何をされていたのですかと伺ってみれば「新聞やインターネットに求人広告を出してました」。それだけでは無理ですよ、ということです。

たいていは「いい社員、いい人材」とひと言で言ってしまうのですが、そもそも社長自身が、「自社にとってのいい人材とは誰か」を分かっていない場合もあるような気がします。深く考えたことがないのか、考え方が甘いのか。自社にとって最適な人材とはどんなスキルを持っている人なのか、どんな性格の人なのか。「理想の顧客」が明確な像を結んでいないことも多いのではないでしょうか。マーケティングと同様、そのあたりをきっちりと決めていくことも必要になってきます。

勘違いもあります。「使いやすい人間がいい人材」はその最たるもの。**使いやすい人間は、いい人材にはなれません。社長から見て使いやすい人間、はどこまでいってもアシスタントにしかなれないことが多い。**1人では仕事ができない、自分の判断で前に進めないタイプです。

本当の意味で企業にとってのいい人材とは、その会社の稼ぎ頭になれる人だと思います。あるいは営業でなくても、スタッフでもいい商品をつくることができるというように、会社にとって本当に貢献してくれる人が経営者にとっての「いい人材」です。

組織に属する人間を3つに分けると、できる人・ポジティブなタイプが2割、ネガティブなタイプが同じく2割、残りの6割は日和見タイプであるとよく言われます。

この「2：6：2」の法則で言えば、最初の2割を増やしたいと思うのが経営者。そのためには採用活動に力を入れるしかありません。ダメな2割は、放っておいても応募してきます。というより今応募してくるのはそんなタイプが多くなっているはずです。すぐ、とはいかなくても会社の戦力になってくれる人たち、トップセールスやトップ技術者になってくれる可能性を持つ人を採用しようと、いつも考えていて欲しいのです。

いつも、ですから365日、頭の中に置いておいて欲しい。**正直言って、10億円企業に向けて急成長していくこの時期は、社長の時間の半分は採用活動に充てていいくらい。**昼休みに自分のところにやって来たクルマのセールスマンにイキのいいのがいたら、その場で口説いてみるぐらいの積極さが必要です。

夜は夜で飲みに行ったら、お店の大将、女将さんやママに聞いて欲しい。「良さそうな人がいたら紹介して」。もし意中の人が隣の席で飲んでいたらぜひ声をかけてみてください。もうすぐ来るよ、と教えてもらったら当然待ち伏せです。

いい人材と出会えるチャンスがあったらどんどん紹介してもらい、話をしてみる。ほとんど営業マン感覚です。社長は現場には行かなくていい、というか行ってはいけないのですが、採用に関しては別です。昔取った杵柄《きねづか》で、バリバリやってください。

それから縁故も実は狙い目です。人物や働きぶりがよく分かっていますから、正しく判断できる。案外抜けている点ですが、いい人材がいる可能性があります。

いわゆる普通の採用活動だけではなく、そこまでやって初めていい人が来る、が正解じゃないかと思います。ぜひ考え方を根本的に改めて欲しいのです。

## 新卒採用と中途採用はどちらがいいのか

採用コンサルティングの経営者には「採用するなら新人」と主張される方もいます。私もその意見に基本的には賛成する1人です。

ですが新卒採用の機会は基本的には年1回。急成長しつつある中小企業としては待ちきれないこともありますから、新卒・中途採用の両方を考えての採用活動になるのが現実かと思います。

仮にポテンシャルが高くとも本当の戦力になるまでには多少時間もかかりますから、即戦力に近いことを中途採用の社員に期待することは当然でしょう。

しかし、中途採用に苦労している会社が多いのが事実です。失業率が高ければ中途採用の環境としては企業に有利だと思うのですが、今は売り手市場になっていて、なかなか採用できない。広告を打っても、反響数そのものが少なくなっています。

なおさら、マーケティング的な視点で採用活動を考え直していくべき環境になっていると感じています。

## ホームページの充実が良い人材獲得の秘訣!

私が見てきた企業のケースを分析してみると、応募への入り口が自社のホームページだった人は、入社後も頑張って戦力化しているケースが多いのです。

**人材募集サイト内にあるページへ投資したり、求人広告をたくさん打ったりするよりも、自社ウェブサイトの中にある採用関連のページをしっかりつくると反響が多くなりますし、応募してくる人間のレベルも上がってきます。**

雑誌や新聞などの印刷媒体に求人広告を打つにしても、広告からそのまま応募ではなく、一度自社ウェブサイトへ誘導し、さらに情報を提供することも効果があります。

なぜ、広告を派手に展開するよりも自社ウェブサイトを充実させるような、一見地味な方法の方が効果が高いのか。

求人広告ばかり見ている人というのは、給与などの条件比べをしながら雑誌やサイトのページをめくっていって、主に労働条件的な面で興味のある企業をいくつかピックアップして応募する……そんな感じではないかな、と想像しています。

それに比べて、自社のウェブサイトを経由してきた応募者は、当然ですけれども、詳しく情報を読んでくれた上で「ここがいいな」と認めてくれるわけです。

それから誰かから紹介されてご縁ができることも意外にあります。「あの会社、最近いいよね」なんて評判、クチコミを知り合いから聞いてスマホ、パソコンを開いて覗いてみたら……というケース。


鍵は情報量の多さだと分析しています。ウェブサイト全体が問題になるのではなく、採用に関するページが充実していることがポイントになっています。

媒体に出稿する広告には予算の都合もありますし、大きくとってもA４で１ページ程度。自社のウェブサイトならそんなボリューム的な制限はありませんし、コストも比較にならないほど安くつきます。そのメリットを生かして、**最低でも３～４ページは採用のためのページをつくっておくのが効果大**。

大企業では新卒の採用専用のパンフレットや学生用の会社案内をつくっていたりしますが、それと近い感覚です。ウェブサイトを通して多くの情報量を提供することができるのですから、使わない手はないと思います。

ウェブサイトに入れておきたい要素はたくさんあります。まずは人。社長をはじめとして、在籍している社員や、できればお客様を登場させたい。それから企業理念も忘れずに入れておきたいところです。

ここ数年の自社の業績数字や成長率といった財務面のデータも欲しい。数字は良い会社である証拠の1つです。

扱っている商品・サービスをはじめとする我が社の「売り」もぜひ入れたい。自社の個性、特長をアピールするのは必須アイテムです。

**忘れずに載せておくべきなのが、不安を取り去ってあげられるような情報です。**

企業がつくっているパンフレットのたぐいはたいてい自社に都合のいいことしか書きませんが、応募する側は、まだまだ分からない部分がたくさんあって、不安になるものです。それが中小企業であればなおさら。大企業のようにメディアや就活サイトで社風についての記事を読んだり、社長がどんな人なのかを知ったりすることができませんから、基本的な情報が実は不足しているのです。

具体的には事業内容、業務内容を細かく書いておきます。例えば訪問販売は絶対にしていない、過酷なノルマを課すことはしていない、など。ただひと言「営業」と書いてあるだけでは実情がまったく分かりません。できる限り詳しく自社の業務内容を紹介できると、応募者の誤解や不安を取り除くことができます。

応募者に面接の前、あるいは応募書類を書く前に、自社のことをできるだけ深く知って、共感してもらいたいということです。採用する側の力の入れ具合を応募する方もやっぱり感じ取りますから。楽をしていい人材を採れるとは考えない。採用活動にマーケティング的な発想を持ち込めば、どういうページをつくればいいのか、が見えてきます。

さらに応募者向けの会社説明会まで実施できればパーフェクトです。新卒対象ではよく見かけますが、中途採用でもトライしてみる。大々的にやる必要はなく、数名規模でいいのです。

**会社説明会は選別の場とはしないで、応募者の入社意欲を高めることを目的にします。社長や社員が実際に登場して、会社の現状と将来性を語ってください。**

ただ、メインとなるのは社長です。まだ社員には会社全体について詳しく語ることができません。大企業であれば人事部に任せてしまっているようなケースもありますが、そこはマネしてはいけません。そういうところこそ、社長の出番。採用は経営者の最重要業務ですから。

## どこが採用のポイントになるのか

いろいろ手を尽くして応募者を集めてきても、最後に採用できなかったら意味がありません。かといって、差し迫った現実とのバランスで判断しなければならないのですが、必ず採用しなければならないか、といったらそうではないと考えてください。余計な人間を抱えている余裕はありません。必要としている人材だけを獲得していくつもりで書類選考や面接に臨みます。

広告費を使ったからには誰かを採用しないと損だ、と心の中で思っている経営者も多いのですが、「いい人がいなかったら今回は採用ゼロでいいじゃないか」と私は考えています。そう言うと「えっ……ウン十万円も使ったのに……誰も採らないなんて」とおっしゃられる方がほとんどです。もったいない、と考えられているようです。

社員の能力が平均して社長の30%ぐらいだと知っていることは、能力が30%なら採用するということとイコールにはなりません。過大な期待を持つのは禁物ですが、だからといって誰でもいいことはない。そこにはしっかりとした自社なりの採用基準があってしかるべきなのです。

少ない人数で回していかなければならない中小企業だからこそ、厳選されたスタッフで仕事をしていきたい。例えば企業理念をまったく理解していないような人間を「他に人がいなかったから」というだけの理由で採用してしまったら、必ず後悔することになるでしょう。

無用の人が増えるくらいなら、仕事はキツイけれども今の人数のままで頑張る方が健全だと思います。

経営者が先入観として持っている、採用についての選択基準にも大きな誤解があります。「フィーリング」と言ってしまえばそれまでですが、基準そのものを明確に持っていない経営者が大半です。

**募集しているからには採らなきゃ、という気持ちが心の中にあると、「集まって来た人の中から一番良さそうな人を採る」になってしまいがちです。**

履歴書を信じるのもまた善し悪しがあります。前職で何をやっていたという職歴や、前職での実績に左右されてしまうことがありますが、そこは要注意です。

働く環境や業種が変われば、前職でやってきたことをそのまま出せるとは限りません。実績についても同じことです。とあるセールスコンテストで1番でした、なんて書いてあると「すごい!」と思ってしまうのですが、よく読んでみるとそれが10年前の話だったりして……そんなケースはよくあります。昔はそれなりにやり手だったのかも知れませんが、じゃあ去年はどうだったの? と聞くべきでしょう。

応募してくる方としては、程度の差はあっても、やはり自分にとって都合のいいように考えて職務経歴書などの書類を作成してきます。採用する側としては、偽りのパフォーマンスを見抜く能力が必要になりますし、その責任を負うのは採用の責任者でもある経営者です。

中小企業にもかかわらず採用面接を部下に任せてしまっている経営者をたまにお見かけしますが、私には信じられません。一番大切な仕事を人に任せる、いえ投げ出してしまっていては、将来は暗いと思います。

「じゃあ、何を信じて選べばいいの？」となるわけですが、私は2つの基準を重視するようにしています。採用の基準についてはコンサルティングを通じてお話をすることもありますし、実際の面接に同席することもまれにあります。

**最初の基準は、自社の理念に共感してくれているかどうか**。もちろん給料や勤務形態といった労働条件、職場環境に対する理解も必要ですが、それに加えて企業理念への共感があるかどうかを見きわめるようにしています。

子どもの健康を大切にしたいと社長が心から願っているのに、応募者が子ども嫌いだったら、いくら優秀でも採用はできません。採用したての一時はよくても、後々歪《ひず》みやズレが出てきてしまうのが分かっているからです。目先の小さい利益を追いかけても、いいことはありません。

**もうひとつの基準は、コミュニケーション能力。**特に営業系の職種には必要になると思いますが、即答する力、こちらの意図が理解できる力を重視しています。書類上の実績は立派で文句のつけようがなくても、質問した意味をまったく理解できずにトンチンカンな答えをしてくる人がいるものです。

面接というライブな形でやりとりをしていれば、ピンと来るような人間の能力がありま す。ところが、自分の直感よりも目の前にある、机の上に置かれた履歴書を信じようとしてしまう経営者もたくさんいます。人を判断するときには書類上では分からないことだらけです。業務経験豊富な経営者としての勘をもっと信じてください。その勘は間違っていません。

私自身が採用面接に同席する際、私は応募者の履歴書をほとんど見ていません。目を通すと言っても名前ぐらい。先入観がない状態で話をした方が人間性を含めたその人の能力が分かると考えていますし、その場での感触はあまり外れてはいないというのが実感です。

ライブでのやりとりの中には、「人そのもの」が出ます。その人にとっての〝真実の瞬間〟を見ることになる。結局、潜在能力がどれだけ優れていても、お客様と接した瞬間に力を発揮できなければ成果は上がりません。

自分にはこんな能力があるんだ、と一方的に主張されても、試してみてそれが感じられなかったら、いくら言われたところで信じられないと思うのです。

2億円から10億円へと企業が成長していくときには社員数が増えていきますから、採用活動は不可欠な経営活動になります。不要な人間を雇っている余裕がない中小企業だからこそ、社員の採用にはもっと力を入れるべきです。経営者自らがヘッドハンター、であるべきなのです。

第12図

# 教育設計

## 社員は頼もしい社長の分身へと成長できる！

### 社員の現場教育は、人に付けずに「仕事に付ける」

採用は経営者の最重要業務だ、と言いましたが、入社後の教育も負けず劣らず重要な業務の1つです。雇ってハイ終わり、ではもちろんありません。入ってもらったからこそ、いろいろ知って欲しいこと、できるようになって欲しいことがあります。

2億円企業の社長に「御社で社員が一人前に育つまでの期間はどの程度必要ですか？」という質問をします。そうすると、必ずと言っていいほど「ウチみたいな仕事では最低でも3年は必要だよ」、そんな答えが返ってきます。なかには「10年はかかるね」なんて言う人もいます。

**当然、3年もかかるようでは、社員を次々と採用するわけにはいきません。稼げない社員をどんどん増やすには限界があるからです。**

では、どうして3年も10年もかかるのか？　多くはその仕事の特殊性にあるように思われているようですが、私はそうは思いません。理由は社長自身にあります。

私は社長が「3年」と言えば3年、「10年」と言えば10年かかると思います。そうです。あなたが3年にしてしまっているのです。ということは「3ヵ月」と言えば……そう、3ヵ月で社員は一人前に育つのです。

と言っても、何もせずに3ヵ月で育つことはありません。これまでお話ししてきたことすべて、つまりは10億円企業の設計図をつくり、実践していただければ、それが可能になります。

そもそも、10億円企業の設計図とはもっと平たく言えば、平均すれば社長の30％程度の能力しかなくても、素材が良い人を採用して、彼らが自社のシステム・環境・文化の中で短期間で育つ仕組みと言えるのです。

私はこうした発想はどんな業種でも可能だと思っています。ですから中途採用組で3ヵ月、新卒組で長い場合で半年程度のイメージで一人前にするプログラムをつくるように、クライアントにアドバイスしています。

例えば私がまだ駆け出しのコンサルタントだった頃、私の発言に対して建築業界の多くの経営者から「そんなことは絶対ムリ」と言われました。しかし、私の言葉を信じてくれた社長の会社が、未経験者や新卒をどんどん採用して、ものすごい勢いで成長したのです。おそらくそうした会社が続出するのを目のあたりにした方が、「イソズミ・マジック」などと名付けたのだと思います。

少し話がそれましたが、**要は3ヵ月で一人前になるプログラムをつくり、導入することです。と同時に入社してくれた方にも、3ヵ月先のゴールを決めていただきます。**

3ヵ月というのは一般的に「試用期間」です。すなわちその期間を終えて一定のゴールに達しなければ、「正社員として認めない」という意味もあるのです。

ですから、最初の3ヵ月で会社の考え方やシステムをみっちり理解させ、現場配属後に期待される成果を出してもらうためのサポートを徹底的に行います。これを初期導入教育と言っています。

**初期導入教育にここまでこだわるのは、最初が肝心だ、と思っているからです。社長が現場に出られないとすれば、現実にお客様と向かい合って仕事をしている社員その人が、お客様にとっての「御社」です。**ここでしっかりと基礎（業種の、ではなく自社の基礎）を叩き込んでおかなければ、現場がブレてきます。社長の思いが現場で形になっていかないで曲がってしまう。当然お客様にも伝わりません。

最初の教育が不十分なままだとどうなるか。社員が自分なりに考えて、こっちだろうと思う方向へ進んでいくのですが、それが往々にして間違っていることがあります。社長の考えている方向とまるで反対の方を向いてしまうこともある。社員が数人なら、そのたびに社長が飛んでいって方向を修正することができます（これは最悪の事態です）が、10人ともなると、もうお手上げ。事が起こってからではどうにもなりません。

だからこそ、最初が肝心。会社が目指している大きな方向性を全員が共有していれば、大事にはなりません。社員を現場に出すとは、彼ら彼女らの一人ひとりが社長に代わってそういう責任を負って行動していくことでもあるのです。

その大事な教育期間に教えるべきことは、企業の理念と基本的な業務内容。必要最低限のことだけです。座学だけではありません。現場を舞台としての教育、いわゆるＯＪＴ（オン・ザ・ジョブ・トレーニング）がボリュームとしては多くなります。

私が推奨しているＯＪＴは、普通とはちょっと違うステップを踏みます。多くの企業が新人（新卒でも中途採用でも）をＯＪＴだと言って「人に付ける」ことをしています。数年前に入社した先輩をＯＪＴトレーナーとして、常に同行させるような形です。

**私はそのやり方をしません。中小企業のＯＪＴは「仕事に付ける」ことだと考えています。**というのは、人に付いていると、付いた上司、先輩によってやること、やらないことにバラツキがどうしても出てきてしまうからです。人によっては数ヵ月もたつのに経験するどころか、触れることもできなかった業務があったりするわけです。さすがに見たこともない業務を1人でやってこい、はどんなに優秀な人であってもキツイ。業務の流れをすべて網羅できないＯＪＴに意味があるとは思えません。

習うより慣れろだ、なんて言って適当な先輩に面倒を見させてお仕舞い、では教育になっていません。ここもぜひ設計図をキチンと引いておきたいポイントです。

初期教育が仕組み化されていると、これまで初期教育でやるべき内容まで押しつけられていたＯＪＴトレーナーであった先輩社員も助かります。

仕組みを考えるのもそうですが、**初期教育の担当者はできれば社長か、あるいは幹部社員であって欲しい。ひとつの現場を切り盛りしている時間があったら、新人の教育に時間を充てるべきです。**その投資はすぐに大きくなって返ってきます。

教育の仕組み化、その第一歩は、覚えなくてはいけない業務項目の洗い出し。これはマーケティングのモデルをつくっていく過程と同じですから、共有が可能なはずです。要点となるのは「何を知らなくてはいけないのか、本格的に現場に入る前にどんなシーンを見ているべきなのか」を明確に落としておくことです。

後は覚えるべき仕事の現場でOJTをやっていくだけ。人に付かずに仕事に付く、とはこういう考え方をすることです。リフォーム会社の場合なら、施主が違う現場を渡り歩くようなことになりますが、仕事の流れがキチンと分かった方がいいのは先述の通り。業務全体の枠組みを先に理解させるやり方です。

大企業のように一人前になるまでの期間が長くても許されるのならまだしも、そんな余裕はありません。このやり方ですと現場に出るまでのタイムラグがロスに感じられるようですが、トータルで見たときの効率はかなりのもの。導入しているクライアントからは好評です。

さらにできることなら、教育期間を通じて新人が学ぶべき内容をステップ化しておきたい。私は自動車教習所を引き合いに出して説明をするのですが、第1段階、第2段階……という段階ごとの目標と、学科と技能とに分かれる教習内容が明確に線引きされている、あの感じです。

ここまでプログラム化できると、教わる方としても、今何を勉強すればいいのかが分かりやすくなりますから理解度も高まりますし、業務一つひとつの意味やつながりがスーッと頭に入って来やすくなる。

一度つくってしまえば、新しい技術を導入したときなどのマイナーチェンジで済みますからだいぶ楽になります。またこうした教育の仕組みにはレバレッジ（梃子《てこ》の原理）が利きますから、人数が増えても対応が可能です。将来の人員増を視野に入れて、できるだけ早いうちにつくってしまうのが得策です。

## 最初の3ヵ月で自社をどこまでも語れるようにする

業務の流れを頭に叩き込むと同時に、忘れてはならないのが企業理念の浸透です。初期教育の過程が終了する3ヵ月で、お客様に対して企業理念を含めた自社の説明ができるようになっていたい。

**クライアントには、自社の説明を試用期間が終わるまでにちゃんとできない人は正社員**

**にしない、つまり退社してもらうように助言しています。**

一見高いハードルですが、先のことまで予見するならば、入社直後に企業理念に賛同してもらえない人、あるいは企業理念を説明できないような能力しか持ち合わせていない人は、必ずお荷物社員になってしまうのです。クライアントによっては、試験をして、できるかどうかを判断している会社もあります。

数年前でしたら入社後の数ヵ月で一定金額の売上を立てることを試験としている会社もありましたが、お勧めは断然理念系。ここを軸にした集客・営業ができないと売上をつくれない時代になりつつあるからです。

会社の説明をするのは簡単そうですけれども、しっかりやるには意外に時間がかかります。ちゃんとしゃべるのであれば30分は優にかかります。その説明をサポートするために、営業支援ツールとしてアプローチブックをつくっていたりするぐらいですから。

自社の説明ができるようにならないと、他社と何がどう違うのか、自社の優位性はどこにあるのか、がお客様に伝わりません。これは商品説明とはややレベルが違う話です。商品そのものではなく、それを取り扱う理由を説明することです。いわば自社ブランドを語ることに等しいと考えてください。自社の優位性を語れない社員が必要でしょうか？

現場の商談で自社の紹介を30分まるまるすることはあまりないのが現実だとは思いますが、それくらいの抽斗《ひきだし》を持っておかないと、5分も話せません。しっかりとしたトレーニングが必要です。

企業理念の教育は座学で会社案内の冊子を前にしてにらめっこすればいい、とはいきませんので、各社ごとにいろいろ工夫されています。

その中で効果が出ているのは、**社長がしゃべった話を録音・録画して、社員に配る方法。通勤の途中や、仕事で移動の際にクルマの中で聞いてもらうやり方です。**ある程度は暗記・暗唱できないと困る内容ですから、耳で覚えてもらうようにすると効果があります。

現場に出て行くようになると、細かい商品の話よりもこういった企業理念の話の方がお客様をつかめるし、契約も取れるようになりますから、その効果が一層分かってくる。一石二鳥のやり方だな、と自分でも思っています。

会社の基礎となる理念系の話と現場の実務の基本的な流れが分かるようになるまでに3ヵ月。正直言って結構キツイ3ヵ月になると思います。

新卒も中途採用も、ここまでやらされたことはないでしょうから。でも最初の段階でここまでやることが10億円企業への近道であることは事実です。

能力は社長の30%ぐらいであっても、素材の良い新人であればこのあたりの基本は短期間で身に付けます。そうすれば、それだけでかなりの戦力になります。実際に効果も出ています。キチンと3ヵ月間教育した後に、新卒社員がポンポン契約を取ってきたりしていますし、先輩のフォローを受けながらと言っても、複雑な現場実務もそれなりにこなしていきます。

スポーツと同じで、最初に正しい基本を学んでいると、その後の伸びは速い。こちらの予想を超えてぐんぐん成長していきます。

こんな話をしていますと、熱心な経営者から、「外部の研修やセミナーに通わせるのはどうだろうか」と相談を受けます。残念ですがあまり意味がないんじゃないですか、が私からの返事です。勉強して来いよ、と送り出した方は満足していますが、効果のほどは思っているほどではないからです。実務と距離のある話をいくら聞かされても、自分の仕事と結びつけられずに終わってしまうからでしょう。

社員が成長できるのは、やっぱり仕事を通じて。仕事と、それからお客様に育てられていく、鍛えられていくものだと思います。特に、**より難易度の高い仕事、より難易度の高いお客様を相手にすると伸びます。自分の現時点での能力をもしかしたら超えてしまっているところにチャレンジしていくから成長があるのです。**

入社直後の教育期間はそんなチャレンジ精神の端緒を、自分がこれから働いていく会社の解釈も含めて教えていくときです。ましてやこの期間に外部のセミナーをたくさん受けさせるなんていうのは無駄もいいところ。自社の社員は自前で育てるのが基本です。

## 今いる社員の中からスタープレイヤーをつくる

入社直後の初期教育と同じく、教育という視点からぜひ取り入れるべきだと主張している仕組みがもうひとつあります。3ヵ月の初期教育は、どちらかと言うとややマニュアル的。会社としての最低水準、これだけは、というレベルの品質を守るためのものです（といっても相当高いレベルになってしまいますが……）。

最初の3ヵ月でまずは最低限のルールを身に付けたことになりますが、それだけではやはり不十分。

10億円企業のビジネスモデルにおいては、社長の30％の能力でも力が発揮され、成果が上がるようになっています。しかし、入社してきた人がすべて同じように育つわけではありません。成長意欲には差がありますし、ポテンシャルにも差があります。もっと上を狙いたい社員の意欲をそぐようなことはしたくないものです。

意欲の高い社員や、素晴らしいスキルを持った社員の中から、一部において社長の能力を超えるような人も出てきます。

なかには、とんでもないような成績を収める社員も現れます。そんな社員を「スタープレイヤー」にしてしまうのが2つ目の仕組みです。

出た杭を打たないで、もっと伸びるようにサポートしてあげる。売れ行きが良くなってきた営業マンをもっと伸ばしてあげて、もっと稼げるようにする。そんな実績をベースに、社内でもちゃんと目立つスターをつくることをお勧めしたいのです。

最初は社長自身がスタープレイヤーですが、その社長が現場から離れた後に以前の社長なみに頑張ってくれる人が出てくるようにする。**手っ取り早く言えば、今いる社員の中で一番の売上をつくっている人間をスタープレイヤーとして扱ってあげればいいのです。**

では、スターをつくるためにはどんなサポートが必要なのか。売上がダントツにいい営業マン、いわゆるトップセールスは、必ずしも会社の方針に従っていません。会社が支給している営業ツールを一切使っていなかったりすることがあります。それでもクチコミ、紹介で顧客開拓ができていく。最初に叩き込んだ基礎は生きているのですが、その上にひとりの人間としての個性が追加されて、そのトップセールスならではの、オリジナリティあふれるやり方になってきます。

**それを全部認めてあげることが最大のサポートです。会社がせっかくつくったツールを**

**使っていなくても、認める。言うのは簡単ですが、なかなか最後まで守り通せる経営者はいません。**

社長がこれまで成功してきた自分のやり方に固執して、ちょっと違うやり方で上げた成果を認めない……のはよくある話。せっかく数字を上げてきても、その人自身のやり方、ひいては存在自体を否定してしまう。基本さえ守ってくれていればそれでＯＫ、とはなかなか言えないようです。

ひどいケースになると、給与を理由なく削ってしまう社長がいます。業績連動型の給与システムを導入している会社で起こることとして、バリバリやって個人の業績を上げていると、給与額で社長を超えてしまうケースがあります。

これは単純な計算ですから、業績しだいでそうなってしまう。やったぜ、ということでスター社員が喜んでいると、突然「今月は給料を減らす」と真っ当な理由なく通達が来たりする。ホントにそうする経営者がいます。

当然ながらやってられない、とスター社員は辞めてしまいます。スター社員が辞めただけでも痛手ですが、それを見ている他の社員のやる気も相当に下がりますから、いつの間にか社内が暗い雰囲気になって……と会社全体が負のスパイラルに落ちていく。

これは極端な例ではありません。往々にして似たようなケースは散見されます。給与額云々ばかりではないのですが、社長が社員の頑張りを許せなくなって、否定してしまうことが起きるのです。

そういう理不尽なことはもちろんすべきではありません。スターをスターとして認めることをしてあげると、さらにその人は伸びていきます。

また同時に、**スタープレイヤーが1人でも出てくると、「あの人ができるんだったら自分も」と思って闘志を燃やし始める社員が出てきます。できるぞ、という気持ちが社内に伝播していきます。**

実は船井総研がそうでした。創業以来25年間にわたって「1億円プレイヤー（個人売上1億円以上のコンサルタント）」は、船井名誉会長、小山社長、そして佐藤常務の3人しかいませんでした。

3人ともコンサルティングスキルは高いし、弁も立ちますから講演もピカイチ。タレント性もあって……と普通のレベルじゃないよな、と社内の誰もが思っていました。が、１９９８年にポッと入社４年目の私が１億円の境界線を越えたのです。するとその年以降、あれよあれよと１億円プレイヤーが登場してきました。今まで最初から諦めていたものが「五十棲が越えられたのなら自分にも……」とみんな思ったのでしょう。

最初からチャレンジすること自体を諦めてしまう人間も大勢いますけれども、手が届くと思ったらそれまで以上に拍車がかかって積極的にチャレンジする人間もまた、多くいるのです。

その点で船井総研はとても上手にサポートしてくれる会社でした。おそらく私のやり方は、他の会社だったらまったく認めてもらえなかったと思います。基本がしっかりしていれば、後はその人の好きなようにやらせてくれる文化と仕組みを持っている会社だったことに改めて気がつきます。

同じことが2億円から10億円への成長の過程で起こる、と思ってください。急成長の過程では必ずスタープレイヤー候補が出てきます。それを逃さず見つけて、１００％認めてあげることです。**中途半端に全体の底上げを図ろうとするよりは、社内でトップを走る人間をしっかりサポートした方が、会社全体として社員が成長していくスピードは速くなります。**

スタープレイヤーをつくろうとしない経営者もいますが、彼らは「もしそんなことをしたら、スタープレイヤーが独立して自分のライバルになってしまう」ことを恐れているのが本音のようです。

それは現実としてはあります。スタープレイヤーとなって、1人で億以上の売上を立てられるようになってくれば、「自分も独立を」と思っている人も多いでしょう。

確かにスターが生まれてもみんながみんな辞めていったら10億円の先は望めません。スタープレイヤーが社内に留まってくれるかどうかは、会社としては次のステージ、10億円を超えて30億円を目指そうとするときに大きな問題になります。最低1人2人は幹部として会社に残ってくれるようにしておきたいところです。

この問題は社長個人の性格や、その業種が今どんなライフサイクルにいるのかなど、いろんな課題があってひと言では言えないのですが、会社の文化をどうつくっていくか、が一番の解決方法になっていきます。

ただ、**スタープレイヤーが辞めていなくなってしまったとしても、基本的な採用と教育の仕組みがあり、かつスタープレイヤーが育つ環境さえあれば、それほど時間もかからずにその穴は埋まっていきます**。不思議と言えば不思議ですが、次のスターが必ず現れてくれます。

成長カーブを描き始めた企業の特徴として、仮に穴が空いても、その穴はいつの間にか埋まって、さらに勢いがついていきます。ビジネスモデルという仕組みの中でスタープレイヤーが1人生まれたのなら、同じ仕組みの中で次のスター予備軍がもう準備されている、ということだと理解してください。

ですから仕組みさえ整備されていれば、スタープレイヤーが辞めてしまってもそれほど心配することはない、というのが私の答えです。経営者が心配すべきはマネジメントの設計ができているか、うまく回っているかであって、今現在のスタープレイヤーの慰留工作ではありません。

新しく加わった社員をしっかり教育して戦力化する下支えと、頭角を現してきたスタープレイヤーをさらに上へと引っ張る仕組み。この両方を備えているのが10億円企業に向かって成長するためのマネジメントの基本モデルだと言えるでしょう。「社員が数人しかいないのに、そこまでやる必要があるのだろうか？」とも聞かれますが、「10億円企業にしたいのなら、やってください」と迷わず返事をしています。それだけの効果が得られることが分かっているからです。

企業が続く限り、社員の教育もまた続きます。しかし、ある一貫した方針、戦略を持っているか否かが、その企業の成長カーブの角度を左右するのです。

第13図

# 管理設計

## 10億円企業には「ナベブタ型」組織が最適解！

### 数億円レベルの会社に過剰なITシステムは不要！

私がお話ししている10億円企業の設計図＝ビジネスモデルを実行していくためには、とにかく社長が現場から離れなくてはなりません。自社の第一線で何が行われているか、は社員の行動を信じていくことになります。言い換えれば、現場の状況を自分の目で確認しながら仕事を進めていくことが非常に困難になります。

そこで、**社員が今どんな仕事をしていて、どんな状況にあるのか、を把握していくための仕組みが必要になります。**営業マンを対象とするのであれば「営業管理」、拡げて言えば「業務管理」の仕組みです。

管理の基本はデータ、数値です。売上額や契約率など、営業マンの業務を管理する上で営業プロセス上のポイントになるデータがあります。私が推奨するビジネスモデルでは、営業と集客とを分離して回していきますから、集客を担当する部門は部門で、また指標となるデータがあります。顧客フォローにしても同様。

マーケティングのモデルを説明したところ（113ページ）に戻っていただくと、そもそも最初に平均の客単価とその単価金額に応じた必要契約数、必要集客数が見えているはずですから、単純な数字データだけではなく、目標数値とのギャップも分かるようになっているのがミソです。

これらの数値をできれば毎日、少なくとも週に1回は集計して、社長の手元にすぐに届くようなルートをつくっておく。ここも仕組み化してしまうのが肝心。年商が数億円規模になってきますと、営業拠点、店舗が2ヵ所以上に分散している可能性が高くなります。まずは拠点ごとに取りまとめてもらうことになりますが、この店舗の段階で、人に計算させないことが大事です。計算するのはシステムやアプリケーションがやればいい話。無用なプロセスや間違いのもとになる作業は徹底的に省きます。

「店長がいるから店長にやらせる」のも、どちらかと言えば間違いです。役職に「長」が付いていると何かしら取りまとめる作業を振りたくなりますが、中小企業の規模ではそこまでを業務とする必要はありません。

**企業は30人規模まではトップ1人だけで運営していく「ナベブタ型組織」で十分動きます**。30人ぐらいまでだったら、社長1人で細部まで目が届くということです（現場をやっていたら無理ですけれども）。

社員30人ぐらいまでの組織であれば、本当は専務とか常務とか、そんな役職は会社を運営していく上では不要です。役員の肩書きがついた名刺を持っている人がいても構いませんが、機能としては社長1人で十分です。

それを変に勘違いして、「経営も一部専務に任せてますから」なんておっしゃる社長は、実は責任放棄に近いことをしています。経営の視点から厳しく見れば無駄なことですし、あるいは仕組み化することが足りなくて手が回っていないかのどちらかでしょう。

中小企業のマネジメントはかなりのところまではナベブタ、社長1人だけが上のポジションで、後の社員は横一線で大丈夫ですから、社内の数値管理も、それに従う形にしておくのがベストなやり方です。データ数値の記入作業は各拠点にやってもらうとしても、その集計やら加工やらは社長がやるか、本社にあるパソコンがやればそれでいいのです。

集めたデータは翌日に「速報」の形で各拠点や全社員にフィードバックしてあげることが必要でしょう。フィードバックする際に、どのデータを返せばいいのかを決めるのは社長の役割です。

例えば全部のデータを営業所にフィードバックしてしまったとしたら、受け取った側はどう扱っていいのか分かりません。データは読み方、解釈があって初めて意味を持ちます。集計しただけのデータ集を拠点に投げても宝の持ち腐れ。挙げ句の果てに朝礼が延々と続くデータの読み上げになったりしたら目も当てられません。

営業所長や店長と言っても、能力的には社長の半分以下なのは変わらないと思ってください。現場も自分と同じようなデータの読み方ができるだろう、と思うのはまだ期待のしすぎです。

それができるようなリーダー格の社員が育ってくるのは売上10億円を超えたあたりからです。専務の肩書きと一緒で、「長」が付くからといって業務を丸投げすると、現場の動きがとたんに悪くなりますから要注意です。

それからこの種の話になると、すぐにＩＴだ、システム構築だと格好よく聞こえる提案の売り込みが来たりしますが、必要ありません。まだパソコン１つで間に合います。

**ＩＴ云々《うんぬん》というのは一見すごそうで、処理するスピードも速そうに見えますが、使う側が「どの数値、データが自分には必要なのか」を把握していて初めて機能するものですし、拠点が10ヵ所以上あったり、扱う商材点数が異常に広範囲にわたったりするときに使い始めればいいものです。**よく言われていることだとは思いますが、手段が目的化してはいけません。

管理については業種業態によって会社ごとの事情が異なりますので一概にまとめようがないのですが、1つだけ知っておいて欲しいことがあります。

それは、社長が知っておくべきなのは社員一人ひとりの現状をデータで見られるようにしておくことであって、社長が現場に顔を出すことではない、ということです。

どのデータを見れば社員の状況を把握できるのか、を真剣に考えてください。現場に顔を出すのはそれが出来上がってから、で十分間に合います。

## スタッフの専門化はいつ頃から始まるのか

ここでスタッフの専門化についても少しだけ触れておきます。10億円企業のビジネスモデルは、業務の一連の流れを社員と会社で分業化し、個人の突出した能力に頼らないで仕事を回して業績を拡大していこうとするやり方です。

一番大きなところでは、集客と営業を分け、営業マンが1人でやらされていた仕事を現場の社員と会社（＝社長）とで分担することから始まっていくやり方です。

会社の規模が大きくなっていくに従って、マーケティング現場の営業マンはどんどん増えていくことになりますが、同時に本社の間接部門も増強する必要が出てきます。

最初は現場を離れた社長と、いろんな役をこなしている状態のもう1人、の2人だったものが、少しずつではありますが、間接部門専業のスタッフを採用していくことになります。**1人が何役も兼ねているような状態のオフィスに1人2人とスペシャリストが入って来て、スタッフが専門化してくるときがやって来るのです。**

まずは経理のスタッフでしょう。その次に総務系。あるいは事務職。それからデジタルの分かる人間が入って来る感じです。

最近は企画を担当する人間を間接部門のスペシャリストとして確保する企業も増えてきました。主は集客に関するツールや広告を考えて、運用する役割。優良な見込み客を営業に渡すまでのところを担当するスタッフです。

迷うのは採用担当者の起用です。売上が10億円を超えてきたらそろそろ採用担当のスタッフを起用してもいい頃ですが、それまでは社長が引き続き担当すべきでしょう。

**気をつけて欲しいのが、総務担当と採用担当を1人にまとめてしまうこと。そうされている企業が非常に多いですが、お勧めしません。**というのは、採用には営業的なセンス、マーケティング的なセンスが必要だからです。総務と一緒にするよりも、経営方針を社長と一緒になって考えられる人材を採用担当者にすべきです。

会社によっては採用担当を社長の秘書に任せているところもあります。採用担当者としては社長が経営について今何を考えていて、どういう手を打とうとしているのか、がつかめることが大事ですから、秘書役が採用を兼任するのも良い手だと思います。規模が数十人を超えたとしても、採用は会社にとっての最重要業務であることに変わりありません。常に経営者の思いや構想が反映されている体制をキープしてください。

これらのスタッフが担うべき役割は、間接部門における社長の手足となることです。マーケティングにしてもマネジメントにしても、現場をサポートするためのツールや仕組みを最終的な形にするのは社長の仕事ですが、最後の形にするための作業プロセス、仕組みのレギュラー運用などはスタッフが代行していくことで効率化を進めていきます。

とはいえ、骨格を考えるのは社長の仕事です。スペシャリストと言っても、作業代行のレベルです。全体としての能力が社長に近づいていると考えるのはまだ早計でしょう。

業績の拡大とともに間接部門も大きくなっていきますが、直間比率は絶えず気にしていてください。現場である直接部門と、売上を稼いではくれない間接部門の人数、または人件費の比率です。**まずは直：間＝70：30から75：25ぐらいを目安にしてください。**60：40になると間接部門が重すぎて、収益性を大きく圧迫します。

ちなみに間接部門が20％を切ると高収益が上がる体質です。その分人手が足りなくなるリスクもありますが、そうならないようにいろいろな仕組みと仕掛けで工夫していきます。

第14図

# 評価設計
## 企業理念を社員評価に使うのがお勧め!

### 社員評価にも仕組みを導入する

社員をどうやって評価すればいいのか。これも10億円企業を目指す経営者の前に立ちはだかる大きな壁です。私がコンサルティングのためにお邪魔し始めた頃のクライアントには、そもそも評価の体系・基準が決まっていないケースも多く見られました。

今までは自分と家族を含めた共同創業者、それにもう1人社員がいるかどうかというスケールでしたから、「まあこのくらいで」で評価も済んでしまいますが、会社の成長に伴って社員数が増えてくると、社員をどう評価するかが大問題になってきます。評価はほぼそのまま給与や賞与に連動してきますし、ライバル関係にある当人同士ももちろん気にしています。この問題をそのままにしておくと、いつの間にか社員が5人10人と増えてしまっていて、収拾がつかない状況になります。

おそらく大半の企業では、年功序列を何となくの基準にして評価を決めていると思います。昨年まで30万円払っていたから1万円か2万円はアップさせてみようか……といった調子で、評価を決める基準そのものがありません。

ボーナスも利益が出たから今年は出すけど来年は分からない、あるいは1ヵ月ぐらいは出さないと格好悪いかな……ぐらいの理由で金額も決まっていく。言葉は悪いですが、本当に適当に決めてしまっているようです。

**10億円企業になりたいなら、そしてその先の成長を目指しているなら、自分の役員報酬の割合なども含めて、キチンとした評価の仕組みをつくっておく必要があります。**社員にも家族がいるわけですし、将来の計画もありますから、今年はボーナスが出たけれども来年は出るかどうか分からない……そんな会社にいたいとは思わないに決まっています。いわんや優秀な人材ほどそう思うでしょう。

評価の仕組み＝成果主義、と思われる方もいますが、そうとは限りません。また固定給でも一向に構いません。経営者としてつくっておきたいのは、社員が納得できる評価のシステムです。社員の行動がしっかりと反映されるような評価の体系の有無が問われることになります。

## スキルや職能で評価すると現場の混乱を招く

評価をしなければ、ということで最初に経営者が考えるのが職能での評価。仕事の内容をスキル別に分けてみて、これはできる、このくらいできる……という方法です。人事評価や人事考課表を公開している会社もありますが、「挨拶ができる」「協調性がある」「目的達成意欲がある」といった、どこの会社でも通用するような、一般的な評価項目が並んでいることがほとんどだと思います。

一見、確からしさはありますが、このやり方はもう古い、と私は思っています。クライアントにもやめるように助言しています。**職能が高い人間に対して単純に最上級の評価を与えてしまうと、現場がとても混乱してしまう失敗を招くことがあるからです。**

典型的なパターンとしては、中途採用で前職も同じ業界だった「ベテラン」が入って来た場合に発生しがちです。

その彼について、確かに仕事はできるけれども、何かちょっと違うんだよなあ……と社長も感じている。感じてはいても現場経験も豊富、スキルも高いために大きな仕事や大事なお客様を担当してもらうことになるし、彼の下に経験の浅い若い社員をつけて後進の育成を任せます。

するといつの間にか、その彼が現場をかき回し始めてしまいます。「このやり方はおかしい」「俺はそうしてこなかった」「社長の言うことよりも現場を優先していこう」なんてことを言い始めてしまうわけです。経験者ほどそうなる傾向が強くなります。今までの自分のやり方がありますし、それで確かに現場は回っていきますから言い出しやすいのです。

この状態が中期的に続くとどうなるかと言うと、お見通しの通りです。会社が変な方向に行ってしまいます。数字そのものは上がっていたとしても、お客様からの評価が変わってしまったり、そもそもお客様の質が変わっていったりする。目標売上に届かなくなってしまうケースもよくあります。

そんな状況にいたって、社長が注意をして方向転換を促すと、かえって反発して辞めてしまう。1人で辞めるならまだしも、せっかく育ちつつあった若手を何人か引き連れて会社を去っていく……。

ちょっとしたドラマみたいですが、現実には近いケースがたくさんあります。採用の時点からすれ違いが始まっていたとも言えるのですが、社員のどこを評価するのか、の判断基準が明確になっていなかったから、あるいはそれが個人の技だけに偏っていたから起こる悲劇です。

それが怖いからといって社長が現場の一つひとつに目を光らせていたら3億円の壁を越えられませんから、社長が理想としている方向に社員が自然と向かっていくようなやり方を導入していかないといけない。

社員の評価方法が、そのためには最適の仕組みになる、と思います。

## これからは理念に沿って評価するのがお勧め

私はスキルや職能ではなく、企業理念で社員を評価することをお勧めしています。**自社が掲げているミッションや行動規範に沿った言動をしてきたか、を軸にして評価するのです。**

言動をチェックすると言っても、数億円規模でしたらまだまだ少人数の組織ですから、社員一人ひとりの言動全部に点数を付ける必要はありません。

例えば、評価する側の人間だけが会議室にこもって、評価するとしましょう。ホワイトボードを使って、最初に売上とか数字的なものさしで上から下まで社員を並べてみます。成果主義ならそれで終了かも知れませんが、それだけでは総合的な評価として〝しっくり来ない〟ことがよくあります。

そこでもう一度、自社の理念や行動指針との合致性を基準にして、順番を入れ替えてみてください。日頃の言動を確認するなどして、評価をやり直します。直感でも構わないと思います。

どのくらい順番が入れ替わるかは分かりませんが、最後には自社らしさが感じられる評価の結果を得ることができます。経営者の視点で見ても、納得度が高くなる評価結果です。軸となる企業理念があやふやでは始まりようもなくなってしまうのですが、企業理念を取り入れた評価のやり方を私は推奨しています。

**企業理念を軸にした評価の仕方を始めると、社員を指導するのがとても楽になります。**

社員同士が、自分たちの仕事の内容が自社の理念に合っているんだろうか、と気にしながら、社内コミュニケーションをとっていくようになります。自然と全社員の行動のベクトルが揃っていくことに気がつくでしょう。会社がどうなりたいのか、を明確に示してあげることで、社員自らそうなるように動き始めます。

評価＝給与・賞与と直結して考えがちですが、それはやや誤解かも知れません。給与は決して高くはないけれども、社員の士気が旺盛で、離職率も低いし、業績も好調な会社の話をニュースで耳にします。これは給与とは別の機会を使って社員を評価する、誉めてあげることを会社がしているからです。

**理念が評価の軸になってくると、社長が社員にかける声が変わってきます。それまでは「おお、小川君。先月はよく売り上げたな」。数字の話だけで終わっていたものが、「おお、小川君。先月やってくれた仕事、いい仕事だったな。**ウチらしさが出てきたぞ。そう言えばお客様が、こんなことを言っていたよ……」と仕事の内容そのものや、社員のちょっとした言動が誉める対象に変わっていきます。評価は給料だけじゃない、のです。

企業理念に沿った評価を続けていくことで、理念を現実化していく経営ができるようになっていきます。158ページでご紹介した方程式を思い出してください。

商品＝本体的価値×価格×サービス×ブランド×情報×理念　でした。

企業理念を意識した経営が強くなっていけば、結果として、競合他社の手が届きにくい価値を獲得し続けることができるようになっていくわけです。

**理念を中心とした評価基準を確立できたら、先ほどあったような前職での経験に振り回されることもなくなりますし、前職でいくらもらっていたかも聞く必要がなくなります。**「ウチはこういう評価の仕方ですから」と言ってください。それがイヤだという人は入社しても絶対に長続きしませんから、安心して不採用にするだけです。

マネジメントとは、日々の経営活動をよりスムースに運用していくための仕組みです。仕組みを持った経営においては、仕組みそのものの精度、充実度が問われます。まず社長の仕事ぶりが大事なのです。

# 第15図

# 理念設計

## 経営の基本は経営者の志！

### 企業理念と経営戦略をセットで考える！

すべてのビジネスにはライフサイクルがあります。そのステージとは「導入期」「成長期」「成熟期」「展開期」「安定期」の5つ。自社の手がけているビジネスがどの段階にあるか、によって取り得る戦略は変わってきます。

成長期のビジネスは自分たちの努力以上に会社が伸びます。しかし成熟期に入ると、市場の成長が鈍化し、それに対して業者が増えますから、当然淘汰が始まります。成熟期になると、会社をさらに成長させるには次の3つの方向性のどれかを選択せざるを得なくなる。そうでないと淘汰されてしまうからです。
その方向性とは、「ディスカウント型」「オンリーワン型」「地域密着型」の3つです。基本的にはこれらしかありません。
「総合型」がベストだと思う人もいるでしょうが、総合電機メーカーにしろ、百貨店にしろ、「総合」というコンセプトでやっているところは大手といえども業績悪化に苦しんでいます。10億円を目指そうとしている企業が取るべき道ではありません。

さらにその中で「ディスカウント型」の戦略を選択できるのは大手企業だけです。資本力がないとこの戦略は選べません。**中小企業が選べるのは、オンリーワン型か、地域密着型のどちらか。**いたってロジカルに考えていけばそうなります。それなのに、間違った戦略を取ろうとして自らの首を絞めていたり、オンリーワンと言いながら、展開する事業を絞りきれなかったりする企業が多いのが問題なのです。

**オンリーワンを目指すということは「いかに捨てるか」ということ。これがオンリーワン戦略です。捨てきれないと、自分自身の存在感がなくなってしまいます。**

絞り込むことで従来の売上を失うことを恐れる経営者もいらっしゃいますが、それはあまり心配する必要はありません。私がお付き合いしているクライアントは、絞り込めば絞り込むほど、業績が良くなっています。絞り込むことで失うお客様も確かにゼロではありませんが、それを上回るだけの新しい顧客層が開拓できますから、全然心配はいらない、というのが現実だと思います。

そして事業や商品、あるいは顧客にしたいお客様層を絞り込んでいくときの、もしくはその他を捨てていくときの指針となるのが企業理念です。**オンリーワン型の経営戦略と、企業理念とはひとつのセットです。**

例えば、私が得意としていたリフォーム業界は、扱う商品が膨大な数になります。その中でどの商品をメインに使っていくのか、を考えていくときの判断基準として一番の決め手になり、競争力を生み出すのが企業理念なのです。

とにかく安い商品だけを取り扱いたい、というのであればそれも可能ですが、それではすぐさま大手との激しい価格競争に巻き込まれてしまいます。

そうではなく、大手とは競合しない世界で勝負をしたい。そのために企業理念をよりどころにしてマーケティング戦略を組み立てていくことが、私のお勧めするやり方です。

自社だけに可能な商品の組み合わせ、施工の方法、設計のあり方……を戦略的につくり上げていきます。自然環境にいいものしか使わない、丁寧な仕事しかしない……実はマーケティング戦略の領域にも、企業理念が大きく関連してきます。

商品を選んでいくにあたって、「どうしてそれを選んだのか」といった理由をハッキリ説明できれば、そこで勝負が決まる。大手企業にはそこまではできないよ、というジャンルが必ずあります。

もっと言ってしまえば、理念的なことでお客様をがっちりつかんでしまったら、価格はそれほど問題にならなくなってしまいます。**ただ高邁《こうまい》な理想を掲げるだけではなくて、実際のビジネスの現場にも大きく影響を及ぼしてくるのが理念のパワーです。**

当然、理念をしっかり決めることは自社の活動を縛ることにもなります。理念はしっかり持っていて、立派なことを言っているんだけれどもやっていることが違って……そんな会社がたくさんあります。安全重視だったはずが、いつの間にか業績最優先にすり替わってしまっていたり。いずれも形だけの〝お題目理念〟です。

**せっかく決めた企業理念が機能していない会社を見ていると、意外にも社長がもっとも守っていなかったりすることが多いのが非常に残念です。**昨今の事件を見ていても、嘘のある理念は実態との乖離《かいり》が必ずバレますし、その結果被る社会的なペナルティは計り知れません。理念と事業の内容とをキチンとリンクさせることを、社長が責任を持ってやることが大事です。

採用や評価といった、人材に関わるところでも企業理念が活躍します。どんなに仕事ができても理念に沿った行動ができなければ採用もしないし、評価もしない。理念を強く打ち出すと、一時的に社員の流動性が高まったりしますが、それも自然な流れ。雨降って地固まる。より結束力の強い集団に生まれ変わっていきます。

企業の成長に伴って、理念が変わっていくこともあります。企業理念は一度決めたら変えてはいけない……とおっしゃる先生もいますが、私はそうは思いません。業績が良くなり、仕事の密度が濃くなってきて初めて見えるものもあります。

あるいは、当初掲げていた「売上10億円！」という単なる数値目標にすぎなかったものが、業績の拡大に伴ってもっと視野が広がり、理念的なものに目覚めた、そんな経営者の姿も見てきました。

変えるなら変える、でしっかりと変えることを明言して、社員にきっちり示してあげればいいのだと思います。

## 理念があると、マーケティングもマネジメントも「一本立つ」

激しいビジネス環境を勝ち抜き、確固たるポジションを確立していくためには、戦略を持ち、徹底的に絞り込んでいくことが決め手になる、と私はコンサルティングを通じて、あるいはいろんな場所で繰り返し主張してきました。

**キーワードは「一点突破、全面展開」。とにかく焦点を1つに絞って、そこを突破口にしていこうという考え方です。**

絞り込む、の言い換えとして「一本立てる」という言い方もよくしています。**立てるのは2本ではなく1本。ややもすれば多面展開をしたがるのが経営者の常。ある意味では常識外れの「一本立てる」論なのですが、このやり方が一番の成功法則であることを私は知っています。**業種を問わず、数多くのクライアントが「一本立てる」ことで成長カーブに乗っていきました。

一本立てて、絞り込んでいく対象は多岐にわたります。マーケティング領域、マネジメント領域、そのどちらであってても必要です。これまで紹介してきたように、マーケティング領域なら提供する商品を絞る、価格帯を絞る、顧客層を絞る。マネジメント領域でも社員の採用方針など、私の目から見れば「もっともっと絞れる」ことがたくさんあります。そして絞り込めば絞り込むほどに、その成果がハッキリと見えてきます。

株式会社いつもは2007年に創業し、2020年に東証マザーズ（現・東証グロース）に上場。15年以上にわたり成長を続けてきた同社の歩みは、まさに「絞り込み」と「一本立てる」の好事例です。

経営コンサルタントとして幅広く実績を積んできた創業者たちが挑んだのはＥコマース（ＥＣ）支援ビジネス。「日本の未来をＥＣでつくる」をミッション、企業理念として掲げての起業でした。

ＥＣビジネスを展開しているクライアントを見てみると、元々メールオーダーなどの通信販売をやっていた会社もあるにはありますが、多くの企業の本業はメーカーや小売業などです。そうしたクライアントにとって、ＥＣ事業は決して得意な領域とは言えません。私にも経験がありますが、コンサルタントとして支援先と向き合っていると、当初はＥＣの支援だったはずが、リアル店舗や販売代理店に対する施策にも意見を求められ、気がついたらマーケティング全般の改善をお手伝いしていることは、ある意味で普通のことです。

またその課題をこなすだけの実力を持っていた創業者たちですし、最初からある程度の売上を求めるなら、全方位対応も選択肢としてはあったと思います。

しかし、その誘惑を断ち切り、ＥＣにぐっと絞り込んだ起業でビジネスをスタートさせました。

さらに同社はEC商流の一部分、パーツのアウトソーシングではなく「クライアントのEC業績を上げる」にこだわってビジネスを展開してきました。

実際、EC事業をサポートする会社はたくさんあります。ただその多くは、フルフィルメントだけ、コールセンターだけ、物流だけ……など「部分」を作業として委託されるビジネスを手がけている会社であるのが実情。彼らは、綺麗ごととしてはいろいろ言うものの、実のところ、クライアントEC事業全体の業績に関心が及びません。

しかし、いつも社はクライアントと同じ目線で、業績責任を負いながら仕事を進めていく。コンサルティングフェーズだけではなく、商流の全プロセスにおける実行についても、現場レベルの細かいレイヤーまでサポートする戦略を採りました。

経営理念「日本の未来をECでつくる」とリンクしたこの戦略こそが、まさに「絞り込む」です。表面的に見てしまうと、コンサルティング、フルフィルメント、コールセンター、物流……と手を広げているように感じるかもしれません。でもそれは間違った見方。「事業の業績を上げる」に自社のドメインを絞り込んだ結果、他社にはマネできない、太い太い「一本立てる」につながっているのです。

理念に基づいた「絞り込み」と「一本立てる」を続けた結果、ECに関する、本来ならばクライアントが行うべき領域を含んだ大半の業務を依頼されるようになり、まさしくワンストップで売上アップ・業績アップを請け負う会社へと成長していきました。国内ではそこまで支援できる企業は皆無と言えます。まさに「一本立った」会社となり、さらに成長を続けてきたのです。

「一本立てる」、つまり一点突破を成し遂げた後には全面展開。EC領域において「最もクライアントの成果を上げることができる」というブランドイメージが定着した結果、中小企業だけではなく、誰もが知っているような大企業の消費財ブランドまで、数多くの依頼が飛び込んできています。

**企業理念とはオフィスの壁に貼ってあるだけのお題目でもなく、社長の座右の銘でもありません。それはマーケティングとマネジメントを統括する、非常に強力な経営ツールなのです。**

このツール、10億円企業を目指す会社にとって、理念という設計図を1枚持っているか否かが大きな分かれ道になる、と私は予想しています。

## 企業理念の語り部をどれだけつくれるかがカギ

企業理念を決めよう、となると、それなりに格好いい印刷物にして手帳に挟んだり、額に入れてオフィスに掲げたりしますが、それだけが理念だとは思っていません。

形式知と暗黙知、という表現があります。文字や文章の形で、誰もが読んだり見たりできるようになっているのが形式知。一方、暗黙知とは、形にはなっていないのだけれども確かに存在する深い知恵のことです。取扱説明書と裏技、のようなイメージ。たいがいはこの2つがペアになっています。

とりわけ、企業理念にとっては暗黙知が大事です。形式知で企業理念を語ることはそれほど難しいことでもありません。額を掲げることぐらいはやろうとすればすぐできる。しかし形式知だけですと、そのままで終わってしまうことになりがちです。企業理念を決めたけれども、１週間もたたないうちに社長を含めてみんな忘れてしまっている。それじゃまったく意味がありません。

そうであるなら、額には入っていないけれども経営者が日頃いろんな機会に言っていることを社員が覚えていて、お客様の前で「ウチの会社は〇〇で、社長も年中△△って言ってまして……」と話せた方がよっぽど理念が浸透しています。**形にはなっていない暗黙知であっても、社員の頭の中に入っていて、いつでもスラスラ出てくる方が重要です。**

企業理念を決めるときには、それをどうやって社員の間に流していくか、キーワードとして定着させていくかを一緒に考えるべきです。

したがって、企業理念をいかに社員に浸透させるかは社長の重要な仕事です。朝礼や会議、ライブな環境で社員とコミュニケーションする場があったら持論を語る。

できるだけ多く、毎日でも語ってください。同じ話である必要はなく、いろんな角度から話をしていけばいい。抽象論だけではなく、先週あったことや、昨日会った人との会話でもいいですし、社員の行動を誉めるのもいいことです。話のネタになることはいくらでもあります。いろんなエピソードを通じて、自分が信じている価値観を手を替え品を替えてコミュニケーションしてください。

理念が文章やキーワード（形式知）になっていても、そのままではいろんな読み方、解釈の仕方ができてしまいます。それをそのまま社員の好き放題に読ませておくのは得策ではありません。理念の意図が誤解されていては意味がありませんから。

考えた社長には万感の思いがあったとしても、文章を読んだだけではそこまでの細部やニュアンスが分からないままになってしまうこともあります。理念を語る、といっても書いてあることを読むだけではなく、いろんな事例などを通じて、解釈の仕方も合わせて教えてあげることが必要になってきます。それも1回や2回では足りません。機会があるたびにコミュニケーションするぐらいで丁度いいと思います。

文章にプラスして、その周辺で社長がいつも語っていることがマッチして、「ああ、あれはそういう意味なのか」と徐々に納得していくことが理念を浸透させるステップです。

**このような絶え間ない価値観の刷り込みによって、社員の価値観を感化し、現場での行動や判断をその価値観に沿ったものにしていくことが、社内コミュニケーションの大きな**

**目的になるでしょう。**

企業理念が浸透し、社内の価値観が統一されてくると、現場でトラブルが起こったときでも社員が自分で考え、判断できるようになります。「社長だったらこうするだろうな」と自然に分かるようになる。自分の判断に確固たるバックボーンがあると信じられれば、その場で決断し、前向きに行動できます。いちいち社長に相談してくるようでは浸透度はまだまだ、です。

**理念の運用という視点で見ると、社内に「理念の語り部」をどれだけつくれるか、がひとつのキーポイントになります。社員たちが社長の代わりを果たしてくれるイメージ。**営業マンがお客様に語る、間接スタッフも取引先に語る、リクルーティングのコミュニケーションでも語る。ホームページにも当然理念が載せられています。

営業支援ツールであるアプローチブックには最初に企業理念が出てくる、と言いました。お客様と商談を進めるときには、まずそこから話さなくてはいけない仕組みをつくっておく。

行動規範をカードにして持ち歩いているなら、商談中に相手に見せることをルールにしておくのです。相手に見せてしまいますから、そうそう変な行動は取れないですし、商談相手もこの会社が何を重視しているのかが、よく分かる。先ほどは理念と評価を連動させる話をしましたが、現場でも理念や行動規範をうまく使うやり方があります。

## ミッションとは、命を使ってまでもやりたいこと

「企業理念をつくりたいのですが、どうしたらいいでしょう?」と聞かれたら、私は「ミッション付きのビジョンをつくってください」とお答えしています。ビジョンは実現したい目標ですからそれほど難しくなく、簡単につくれます。「地域ナンバーワン」「みんなの収入を上げよう」など具体的に越えたいハードルが明確になっている見せ方です。

しかしこうしたビジョンにはミッションがまだ加わっていません。**ミッションとは日本語で言うなら「使命」。命を使う、です。命を使ってまでもやりたいことなんだと理解し**

**ています**。単なるビジョンではなく、ミッションまで言い切るというのは、あなたの命をどういうことに使えますか、と問うこと。そこに賛同してもらえるようなものであれば、社員も集まって来るし、お客様も必ず集まって来ます。

私がお付き合いしているリフォーム会社のOKUTAは、もともとは「100億の会社になる」と宣言していたのですが、リフォームビジネス自体が成熟期に入ってきた2002年頃、次の経営戦略をどちらの方向に持っていこうかと考える時期にミッションステートメントを新たに掲げました。

「OKUTA Familyは、誠実な社員と理解ある顧客と健全なる取引先との最高の信頼関係を構築し、地球環境の原則を尊重する企業を目指す！」というものです。

以降、このミッションステートメントは、ヴァージョン4.0まで進化し、これに基づいた経営を着実に展開。事業内容も変わってきています。

取引先までをステートメントに入れているのは、このミッションの注目すべきところです。取引先を同じ仲間として捉え、心身ともに健やかで、技術向上に常に精進し、顧客の論理で物事を考え、実行してくれる伝道者であると、そう捉えている。社員もそうだし、お客様もそうあって欲しい。このミッションを理解して賛同してくれる人だけとお付き合いしていきたいと願っているわけです。

地球環境の原則、エコロジーにも力を入れ、自分たちの事業を通じて人間の身体とか地球環境にとって良いものを普及させていくことを目指している。ちょっと大げさな話に聞こえるかも知れませんが、そういうことに賛同する同志が集まっています。

こんなミッションステートメントを初めて定めてから2年ほどで社員の3分の1ぐらいが入れ替わりました。しかし客層も変わりました。ミッションを理解してくれるお客様が本当に増えました。業績的にもかなり良くなって、1件当たりの単価も上がっています。ミッションを明確にしたことで、いろんなことが変わっていったし良くなってきている動きが分かるでしょう。売上をいくらにしよう、と言っていた時期はやや自己中心的だったのかも知れませんが、企業としてある一定の規模を超えるようになると、マーケットや社会からどれだけ共感してもらえるか、が経営の焦点になってくることを感じます。

## 自分の中から湧き出てくるもの、が理念になる

さて企業理念はどうやってつくるのか。これは社長自らがつくれないと困ります。借り物はダメです。

それから自分の中から湧き出てくるもの、でないとこれもダメ。**理念は勉強してつくるものではありませんし、競合他社と違うところで行こうなんて妙に分析して考えるものでもありません。**他社で使っているのが格好いいからウチでも……とよそから持ち込もうとする人もいますが、これもうまくない。

クライアントから企業理念を書いてくれ、と言われても断っています。社長が書くための話し相手にはなりますが、代筆までは絶対にやりません。やるとどうしても借り物になってしまいますし、そこに嘘が見えてしまいます。他人につくってもらったものを自分た

ちの理念だと言われてもやっぱりピンと来ません。その企業理念が本物かどうか、は社員も鋭敏に感じ取れるのです。

日頃語っていることで十分です。たいていの経営者はどんな人でも、日常的な話の中で理念的なことを語っているものです。自分で始めた事業であれば少なからず思い入れはありますから自然とそうなっていきます。ですから普段のことを思い出してもらえればそれで十分です。何も形式ばったものである必然性はまったくありません。

場合によっては文章になっていなくても大丈夫です。文章でなくても、年中いろんなところで語っているのならそれでいい。**無理に文章化しようとして味気ない言葉になってしまうのなら、文章などない方がよっぽどいいです。**

理念として形にしにくい場合は、まず行動規範から考えてみるのもお勧めです。「これだけは社員にやってもらいたい」「こういう社員になって欲しい」など、社員に対して感じている思いをいくつか書き出してください。こちらも形式ばっている必要はまるでありません。自然が一番です。

理念が強まれば強まるほど、会社のカラー、ブランド力が出てきます。中小企業はオンリーワンを目指すべきだというのは私の考えですが、多くの競争相手がいる中で、ハッキリ目立つ旗印が立っていた方が分かりやすいし、目立ちます。まさに「一本立てる」です。

それが日々の社内コミュニケーションの中で、あるいはお客様とのやりとりの中で、語られるようにしていくことが理念を浸透させること。

すると社内に人材も集まって来るし、集客をするにしても、理念を打ち出すことで共感されるようになってくる。価格ではないところで大手企業とも競争できるようになります。


この本ではマーケティング、マネジメントの両方で仕組みをつくっていくことを大きな主張としてお伝えしてきましたが、どれだけ立派な仕組みがあっても、それを動かす人の気持ちや、乗ってくれる人の気持ちが揃わなければ、長期的にはうまく回り続けないと思うのです。

その鍵を握るのが企業理念です。10億円企業への成長を決めたのであれば、ぜひ自社の理念を考えてみてください。

# おわりに　現場から離れても、やはり社長こそが大黒柱である

やや駆け足でしたが、10億円企業がどういうことになっているのか、その「完成品イメージ」を見てきました。もう一度整理をすると、

**【2億円企業】**

マーケティングの領域では何から何まで社長が1人ですべてをやっているし、社長人脈で仕事を取ってきていた。一方、マネジメントについてはほとんど考えられていない。

**【10億円企業】**

社長は現場から離れる。能力が平均して社長の30％程度の社員たちでも仕事をつくり、現場を回せる仕組みがある。そして理念が会社をまとめ、お客様を引きつけていく。

ということになります。もうお分かりかと思いますが、これは相当劇的な変化です。社長の仕事、役割が、まったくと言っていいほど変わります。今まで自分がやってきたことを人に渡すのは、勇気のいることです。

私が「社長、営業をやめてください」と最初に言うと、もう十中八九の方の反応は「何言ってるの、この人……」です。しかし社長が営業の最前線から離れない限り、会社は絶対に大きくはなりません。

現場を離れることと、会社の大黒柱でなくなることは違うのです。トップセールスの座を社員に譲り渡したとしても、やっぱり社長が大黒柱。今までは仕事の量や売上の数字で示してきたリーダーシップを、他の領域で発揮するのが10億円へのステージ。

その覚悟さえできれば、もう後はやるだけです。進むべき道は、私が明らかにしておきましたから。

「3年で2億円を10億円にする」のが私の口癖ですが、売上10億円までは、正直に言ってそれほど難しくはない、と思っています。設計図に従って、マーケティングとマネジメントからなるビジネスモデルを組み立てられれば、ポンと行ってしまいます。

**そして次は10億円から30億円のステージへ。**

この段階では、別のビジネスモデルを構築することが必要になってきます。経営者、社長としての役割もまた変わります。

30億円企業への改革を始めるのに最適なのは、売上が8億円を突破した頃。そこで手を打ち始められると、10億円で足踏みをすることなく、一気に次のステージへと駆け抜けることができます。2億円から10億円、そしてその先へと。社長の仕事はその内容を変化させながらも、終わることはありません。

この本を読んだあなたが、数年後に経営者として新たな、次なるステージへの一歩を踏み出せることを祈っています。

[著者]
**五十棲 剛史**（いそずみ・たけし）
株式会社iOffice　代表取締役
京都生まれ。大手百貨店、コンサルティング会社を経て、1994年船井総合研究所入社。入社以来クライアントの業績アップ技術に強みを持ち、「行列のできるコンサルタント」として、船井総研全コンサルタントの中で、11年連続・実績NO.1など不滅の記録を数々樹立。船井総研を代表する看板トップコンサルタントとして、500人を超えるコンサルティング部門の総責任者を務めた。その後、船井総研ホールディングスの事業開発取締役として、アドテク等の新規事業を手がけ全て成功に導いている。
主に住宅・不動産ビジネスのほか、広告企画会社、人材関連ビジネス、ITビジネスなどベンチャー系企業、LOHAS関連ビジネス、富裕層ビジネス、ダイレクトマーケティング、レンタルビジネスなど、常に半歩先を見ながら時代に即した新業態のプロデュースを手がけている。
これまで手がけたクライアント数は300社を超え、各業界で注目の会社も多数手がけている。コンサルタントらしからぬ風貌、スマートなスタイルのイメージのまま、既存の概念にとらわれないユニークな発想が高く評価されている。
2018年3月に船井総研を退任後、「世界に通用するスタートアップ企業をつくることを専門に支援をしたい」という思いで、iOfficeをスタート。

【著書】
『人の10倍の「仕事量」をこなす技術』（PHP研究所）
『仕事でいちばん大切にしたいたったひとつのこと。』（ビジネス社）
『「正義の経営」で10倍儲ける方法』（アスコム）
『人口減少社会のメガトレンド』（三笠書房）
『稼ぐ人の「答力」頭ひとつ抜けるオンリーワン養成講座』（ビジネス社）
『なぜ、あなたは働くのですか？』（ビジネス社）
『営業引力の法則　何がお客さまを引きつけるのか？』（徳間書店）
『内定獲得の法則2005年版』（PHP研究所）
『伸びる会社の業績アップ!! 対策55』（明日香出版社）

メール：isozumi@ioffice.co.jp

**新装版　売上2億円の会社を10億円にする方法**

2023年7月4日　第1刷発行
2024年9月30日　第3刷発行

著　者――五十棲剛史
著者エージェント―アップルシード・エージェンシー
http://www.appleseed.co.jp
発行所――ダイヤモンド社
〒150-8409　東京都渋谷区神宮前6-12-17
https://www.diamond.co.jp/
電話／03･5778･7233（編集）　03･5778･7240（販売）
装丁・造本――竹内雄二
製作進行――ダイヤモンド・グラフィック社
印刷――勇進印刷
製本――ブックアート
編集担当――榛村光哲


ISBN 978-4-478-11838-2